啓示の意味

H.R.ニーバー著＊佐柳文男訳

教文館

THE MEANING OF REVELATION
by H. Richard Niebuhr
The Macmillan Company, New York, 1941

Tr. by Fumio Sayanagi

KYO BUN KWAN, Tokyo, Japan

序文

序文は、本文における主要な問題や観念に初めに注意を喚起すること、また、著者とその著作を「実存的」情況に定位せしめることなどができれば、その役を有効に果たすことになるであろう。書名に示された本論考の全体を通じての問題はこみいっており複雑である。それに関連して生じてくる問題は、歴史における相対と絶対の関係の問題、「科学的」ないし客観的歴史と宗教的歴史との関連の問題、自然宗教と歴史的信仰との尽きることのない問題などである。このうち第一のものがわたしの最大の関心をひいたものである。われわれは今日、哲学的観念のすべて、宗教の教義のすべて、道徳命令のすべてが歴史的制約を被っていることを知っている。この認識が新しい不可知論へとわれわれを誘惑する。わたしは歴史的相対主義を受け入れざるをえなかったが、しかもなお不可知論がその必然的帰結であるとは信じない。この相対主義はむしろ、新しい型の批判的観念論の発展を要求しているとわたしは信じる。つまり、頭脳のカテゴリーが社会的歴史的性格を持つこと、またティリッヒ教授が言われる意味で「信仰的」リアリズム論的であることなどを承認する批判的観念論である。独自の世界を持つ客観的歴史と適切妥当な宗教的歴史との和解の問題は、歴史と取り組むにあたって理性が純粋理性と実践理性との区別を持つことを認めることによって多少ともカント的方法による解決が試みられている。最後に、自然宗教と啓示宗教の問題は両者を相互に排他的な原理とは考えず、しかしまた連続的な発展における別々の段階と考えることもせず、むしろ、変革ないし回心として扱われている。つまり、あとの段階は前段階の所産としてではなく、その変革者として扱われている。以上、歴史におけるキリスト教信仰の問題でわたしが直面したすべてのディレンマの両方のかどをつかもうとしているように見えるであろう。しかしわたしは逆理におちいってはならないものと思う。

この研究において、明白に述べられた確信事項、また明白には述べられていなくとも議論の底に流れている確信事項のうちで、わたし自身気づかずに前提しているものがあるかもしれないが、三つのものが根本的重要性を持つと思われる。第一、すべての思惟において、特に神学と倫理学とにおいては、自己防衛が誤謬の最も悪質な原因であるという確信である。キリスト教的観念を告白のことばでのみ言い表わそうとするわたしの試みにおいてこの誤りを避けえたとは思わない。しかし少なくとも用心したつもりである。第二、生における悪の大きな原因は、相対を絶対化すること、キリスト教においては神の座に宗教、啓示、教会、あるいはキリスト教道徳などをすえるという形で起こる相対の絶対化であるとの確信である。第三、この論考の後半で明示されることになるが、前半でも底流となっており確信事項ともなっている点、つまりキリスト教は「永遠の革命」ないしは、この世、この生、この時間内では決して終結することのないメタノイアであるという確信である。これら三つの確信を積極的な表出に移せば、人は恩寵によって義とせられること、神が主権者であること、永遠の生命があること、となる。

本書は一九四〇年四月にイェール大学神学部でなされた、ナタナエル・W・テイラー講演に加筆訂正したものである。同じ題での講演は、多少内容に違いはあったが、一九三八年、一九三九年にトロントのエマニュエル・カレッジ、オハイオ州シンシナティのヒブルー・ユニオン・カレッジでもなされた。これら諸大学の神学の同僚たち、教師と学生たちすべてに、特にイェール大学の同僚諸氏に、啓示の問題についてのわたしの思想を発展させる機会と催促とを与えられたことで、また共同の追究において神学論議への刺激と、友情の励ましを与えられたことなどについて、深い恩義を感じている。本書中のどの観念であれ、それが「神のより大いなる栄光と人間の救いのため」に役立つとみなされるものがあれば、それについてわたしが負っている大きな学恩は、偉大な神学者にして教師であるふたりのかたがたに本書を献呈することによって幾分かは明示されているであろう。わたしの思想と彼らの教えとの関係は読者にはそれほど明らかではないかもしれない。しかしわたしには、わたしが彼らから学んだことにどれだけ依存しているかは明白である。願わくは彼らにもそれが少しでも明らかであるように。

神学学徒たちは、エルンスト・トレルチとカール・バルトとが、その著作を通してだが、わたしの教師であることに気づかれるであろう。二十世紀宗教思想のこれらふたりの偉大な指導者はしばしば正反対の位置に置かれている。わたしは彼らの主要な関心事を結合しようと試みた。わたしには前者の批判的思想と後者の建設的作業とは一体のものであると思われる。もし、わたしが失敗したとしても、原因はこの仕事の不可能性にあるのではない。それはなされなければならない仕事である。
もちろんほかにもわたしが照明と導きを受けた多くの人々――学者、教師、同僚――がある。アンリ・ベルグソン、A・E・テイラー、マルティン・ブーバー、エーミル・ブルンナー、ポール・ティリッヒ、ロバート・L・カルフーン、それにわたしの兄ラインホルド・ニーバーなどの名がただちに浮かんでくる。これらすべての人々、そして神学者以外にも、わたしの仕事をそれぞれの才能とたまものによって助けてくれた仲間たちの学恩をわたしは感謝をこめてここにしるす。

H・リチャード・ニーバー

目次

序　文

装幀　工　藤　　実

第一章　視点

啓示の意味は何か。この問いはキリスト教会史上、幾度となく問われてきた。しかしこの問いが今日の神学論議にふたたび現われたことについては、この啓示ということばを昔日の論争やその不毛な結果と結びつけて考えることに慣れている多くの人々に困惑を与えている。ことに彼らは、理神論者や超自然主義者が十八世紀初頭にかわした奇跡、預言、啓示、理性についてのそうぞうしい論争を想起するのである。当時、啓示を弁護するということは社会的、知的な保守主義を意味するように思われた。論争において問題になったのは、教会や聖職者の権利、それと彼らが従来社会に対して行使してきた支配の伝統的権威一般であった。啓示に訴えるということも自己防衛のためのからくりにすぎないように思われた。他方、理性の大義名分(cause)を振りかざしたのは、理性の勝利とは別の勝利をねらう民主的商業文化のにない手、新興の反抗勢力であった。そして抗争する両者の運命はどうであれ、理性と啓示とは深く傷を負ってしまった。ついには、あらゆる戦争の終結がそうであるように、勝者と敗者の見わけはまったくつかなくなってしまった。知的分野の所有として残されたものは、バトラーの与えた僧衣をまとったり、ヒュームの作った世俗的鎧を身につけた懐疑主義であった。

しかしながら、理性と信仰とは決して死にたえたのではなかった。しばらくして両者は健康をとりもどし、反省をし、各自の固有の仕事に帰っていった。カントによって理性は科学の分野でしたのと同じく、その支配の限界を認めた。その限界内で、理性は人間の栄養となる実を結ぶために、混乱した知識に秩序を与え、迷信のジャングルの中に道を開き、自然のからくりの多くを明らかにした。宗教を弁護することもやめたが、信仰を破壊することをその使命と考えることもしなくなった。他方、信仰は理性と抗争することが誤りであり、理性を恐れることがまちがいであることを確認した。啓示の大義《コーズ》名分の代表的擁護者であったウィリアム・ロウは、「わたしは論争のちりの中に二〇年すわっていた。そして福音をこのようにして弁護する書物が出されるたびに福音に対する反論を持たざるをえなかった」と告白している。スコラ的、論理的などのような意見も「人の魂を天の永遠の天使にするにも、地獄の永遠の悪魔にするにも、それだけの意味を持ちえなかった」。ウェスレイ、ホイットフィールド、エドワーズおよびその仲間によって、キリスト教は啓示を弁護することをやめ、同時に理性を攻撃することもやめた。そしてキリスト教は福音を説教し、人間の心に巣くう悪鬼をはらい、魂を聖霊との交わりに導くという固有の仕事に帰ったのである。もちろん、理性と信仰、神学と哲学、自然的経験と宗教経験などの関係の問題は、時おり起こりはした。しかし、しばらくの間はプラトン的正義が成立していた。そこでは、キリスト教の精神の諸分野とキリスト教社会の諸機関とは各自の職分に専念し、互いに帝国主義的冒険に乗り出すことなく全体への貢献をしていたのである。「啓示」については、福音の説教に当たって聖書やキリスト教史はどれだけ多く用いられたにしろ、啓示ということばはほとんど用いられなくなった。

　十八世紀のあの論争とその結果を思いだすとき、われわれは啓示の観念の復興に対して多少の嫌悪を感じ顔をそむけたくなる。啓示の神学の再興は信仰と理性との間の不毛な戦いの更新を意味しないであろうか。それは、失われた大義（cause）のために戦った退役軍人――根本主義者《ファンダメンタリスト》――のみが関心を寄せる陣地への退却の徴《しるし》ではないのか。今日、啓示について語るということは宗教思想における啓蒙主義に対する逆行を意味しないであろうか。その啓蒙主義とはシュライエルマッハーが、信仰を軽蔑する教養ある人々に対して反語的に次のように問い、答えた時に始まったものである。「諸君は奇跡や啓示、霊感といったものにがまんできないというのか。諸君は正しい。おとぎ話の時代はすでに終わっているのだ」。そのような逆行は不可能であろうし、また願わしくもない。一五〇〇年にわたる神学上の業績を無視することはできない。それに、聖書批評や歴史的批評の方法や結果を、自然科学や社会科学の方法や結果とともに人々の頭からとり去って、十七世紀の人々が聖書に対して持っていたのと同じ態度をとりもどすというようなことはできない。彼らが啓示の意味を問われて、聖書を指さすことによって答えたあの単純さと率直さとに敬意を捧げても良いであろう。また、かの単純さの中には、われわれの複雑で分析的な学問的態度の中にはない知恵が含まれていることを認めるのもよいであろう。しかしながら、われわれが彼らの見方の汚れなさを望んだところで、それに到達できないことは明らかである。これらのことを考えあわせるとき、啓示神学の復興は、空想的と言われるほどには反動的なことではないと思われる。それは困惑した世代のおとぎ話や歴史のロマンへの逃避の一環のように見える。ローマ・カトリック教会の想像が二十世紀から脱け出して華麗な十三世紀へ逃避するように、復古的プロテスタンティズムは社会的福音に伴う冒険の熾烈さをいとい、歴史的、心理学的批判が信仰に課した問題からのがれて、夢想上の材料によって、初期プロテスタント思想の失われた大陸《ロスト・アトランティス》を再興しようとしている。いずれにしても、それが反動的であろうが、おとぎ話的、骨董趣味的であろうが、啓示神学は、現代のキリスト者の多くの者にとって適切さを欠くものと考えられるのである。

しかし今日展開しつつある啓示についての思想をより詳しく知ってみると、そのような解釈が許されないことがわかる。もしこの神学が反動を意図しているとすれば、それは革命運動の進め方をまねているのである。政治的生、経済的生における大きな変化は、過去を想起することなしには起こらなかった。新しい自由は、昔にあった自由を宣揚することなしにはかちとられなかったし、いかなる権利も、今は暴君に踏みにじられてしまった昔からの権利として主張することによってしか、確立されなかった。宗教思想、道徳思想における変化も表面的には忘れられているが、超越的精神、あるいは社会精神の中に実在する何物かを想起することによって始められる。ギリシアの青年たちに思い起こすことを教えたソクラテスのような人物、イスラエルの失った忠誠心を思い起こさせようとした預言者たち、あるいはキリスト教の霊感の源泉に帰った改革者たちが、反動的であったという意味で――その限りにおいて新しい啓示の神学もまた反動的である。しかし、この反動は慣習を維持しようとする保守主義とは正反対のものである。人々の共通の記憶の中に、日常性を背後からささえている原理、あるいは日常性があるときは歪曲し、ある時は例証している偉大な原理を捜し求めることはきわめて根底的《ラディカル》であり、かつ実り多いことである。

これと同じことが啓示の神学の悪名高い復古趣味についても言えるであろう。確かにそれは、パウロ、アウガスティヌス、ルター、カルヴィンらにキリスト教信仰の手引きを求めはする。またこの神学に共鳴する人々の中には想像力を欠く権威主義者もあって、これら古い神学者の主張をそのまままくり返すことで満足したり、古代の思想のみを研究の対象とするような人々もありはする。しかしそれが啓示の神学の指導者たちの目的とするところであるとは思えない。彼らは過去の偉大な教師たちを理解することより、彼らの直面する現実を理解することを目ざしているのである。パウロやカルヴィンに向けられる問いは、現代のキリスト者の経験やディレンマから生じてくるものであり、昔の神学者が与える解答も、この弟子たちの師に対する尊敬の念がいかに大きくとも、無批判に受け取られているわけではない。啓示の神学の復興は昔の物の考え方を再興しようとする努力に由来するのでなく、古典的神学者の扱った問題と同じような問題がわれわれの時代にも現われてきていることに由来する。

その問題とディレンマとは、歴史的相対主義によってもたらされた。啓示についての問いをキリスト者にとって現代的かつ切迫した問題としているものは、宗教的現実においても、ほかのいかなる種類の現実においてもそうであるのと同じく、人の立つ視点が深甚な重要性を持っていることの理解である。このことは明らかに、古くから確信されてきたところであるが、現代に経験されていること、特に歴史的批評及び神学の自己批判、によって更新され、新しい妥当性を与えられたのである。

第一節　歴史的相対主義と啓示

時空上の相対性の発見以上に二十世紀の思想に深い影響を与えたものはない。観察者が時空において占める視点が、現実についての知識の中にはいりこむということ、つまり物事がそれ自身において何であるかという普遍的な知識がありえないこと、したがってすべての知識は知る人の立つ視点に左右されることの理解は、十七・八世紀における理想主義の発見や十九世紀の進化論の発見が、その時代の思想に対して果たした役割と同じものをわれわれの思惟の中で果たしている。このことが自然科学、特に物理学において事実であることは一般に認められている。しかし物理学者の相対性理論はより広範な、そしてたぶん、より重要な現象の一つの特殊な例にすぎない。それはあたかも、ダーウィンの生物学的進化論が、ダーウィン以前に起源をもち、はるかに応用範囲の広い観念の、限定された分野への応用と展開であったのと同様である。いずれにしろ、神学は物理学において明らかにされた相対性原理よりは歴史学や社会学において明らかにされた相対性原理のほうにかかわる。そしてもし神学が相対論的神学として展開しつつあるとすれば、それは自然科学や一般受けのすることばづかいに追従しようとするからではなく、むしろ神学が新しい自己理解にみずからを適合させようとしているからである。

十八世紀の観念論《アイディアリズム》の宗教思想に対する批判はシュライエルマッハーも受け入れざるをえなかったが、その観念論によって、神学は、あたかも理性や聖書が神に直接触れる通路を与えるかのごとく考えてその対象を直接に叙述することは不可能であることを確認せしめられた。神学は心理的経験の総体において与えられた現実を探究することができるだけである。このような自己認識が神学に経験論的方法を採用せしめた。その方法は、批判的観念論と批判的実在論との二重の形を持つ。神学はみずからの限界を告白しなければならなかった。つまり、神学は神を神そのものとして叙述することはできず、ただ人間の経験において神を叙述することができるだけであること、しかしこうした限界の中で、神学は従来よりも大きな効果を持って働きうる、ということである。批判的神学として、それは宗教経験における本質的要素と、そうでないものとを注意深く区別することができるし、純粋に個人的なもの、一時的なものを考慮から除外することができ、その上で、宗教的生が何であるかを多少とも理解させ、経験を導く原理を教え、誤りを除去する道を教えることができる。同時に経験論的神学は、合理主義的神学――自然主義的形態、超自然主義的形態の双方によって――が与えたのと同等の場所を信仰に与えたということ、信仰の必要は以前に比べてふえも減りもしなかったことなどが明らかにされた。

「己れ自身を知れ」という命令はかつて完全に守られたことはない。しかし、不承不承ながらでもそれに従うことにより、人は精神の限界だけでなく可能性をも新しく理解させられる。歴史学と社会学とが心理学の始めた人間の自己批判を継承した。歴史学と社会学とは、われわれの知性が、感覚や利害関心、感情などによって左右され、さらに知性が限界のあるカテゴリーによって理解することが、感覚経験に限られた形式と構造を与えるばかりでなく、われわれは普遍的理性のカテゴリーを持ちえぬ存在であることを教えた。批判的観念論者は自分が特殊な心理学的、論理的道具を持った自己としての人間であることを知っていた。その後継者たちは、自分が社会的存在であり、彼らの理性はすべての人に共通の理性ではなく、特定の社会からうけつぎ、特徴ある性格を与えられた理性であることを知っている。彼らは自分が歴史的自己であって、彼らの形而上学、論理学、倫理学、神学は、経済学や政治学、修辞学などと同様、限界を持ち、時間の中を動き、変化するものであることを知っている。こうした自己認識は容易に得られたものではなかった。われわれはそれに抵抗し、できる限りそれを避けようとしてきた。しかし、歴史学と社会学とはともに、われわれの理性が時空の中にあることを証明するだけでなく、理性の中に時空があるという確信をわれわれの願いに反してわれわれに刻みつづけている。歴史的世界を理解するために用いる範型《パターン》や模型《モデル》は、あるいは天的な起源を持っているかもしれない。しかし、われわれが知っており、用いている限りでの範型や模型は、われわれと同じく歴史と時間によって創られたものである。たとえわれわれが思いを永遠的なもの、超越的なものに向けるとしても、われわれの思いは永遠でも超越的でもない。たとえわれわれが普遍的なものを考察するとしても、われわれの心の中の普遍的なものの心象《イメージ》は普遍的な心象ではない。

このことが経済学や政治学などの研究分野でも真実であるということは、最も頑固な教条主義者以外はだれでも、歴史批評学によって教えられ認めている。「人間の自然的権利」、「自然の秩序」、「自然的自由の体系」、「国王の神聖な権利」、「需要供給の法則」、「賃金鉄則」等々、政治学、経済学における合理主義が用いていた尊大な語句は、今やわれわれにとって純粋理性の直観的知識でも、絶対的前提から演繹されたものでも、普遍的経験から帰納されたものでもなく、ただ歴史的に限定された時間的理性の直観的知識であり、相対的前提から演繹されたもの、限られた歴史的社会的経験から帰納されたものでしかない。これらの語句が客観的な関係をとらえていることは疑えない。またそれらが人々の間の現実的関係を分析するのに有効な道具でありつづけることはまちがいない。しかしわれわれはそのようなすべての定式化の中に、どこまでも、歴史的背景や信仰への意志、特定の社会集団の特殊な利害関心などに対して相対的な要素を感じとるのである。

経済的生、政治的生に関して、しばしば悪用された科学について言われてきたことは、礼拝儀式が持たれる寺院と結びついたり、超俗的な哲学的生と結びついたりすることによって特別の神聖さを帯びている思想についてもあてはまる。われわれは、相対性が政治学に現われるのと同じく倫理学にも現われるのを見る――合理主義的倫理学派が常々克服しようとしてきた心理学的相対性だけでなく、その学派もまぬがれることのできない歴史的相対性がともに現われている。カントが普遍的道徳経験の理性的本質として発見した義務という偉大な概念も、歴史的見方によれば、カントの場合もそうであったように、ユダヤ・キリスト教的伝統の強い社会で教育された実践理性についてのみ言われる本質であると考えられる。定言的命令が普遍的意味を持つこと自体は疑う必要がない。しかし、カントによるとそれの定式化は歴史的に相対的であり、われわれが今日、カントの思想をふたたび定式化しようとするとき、われわれは、歴史的に制約されていて、普遍的なものも相対的な視点からしか叙述できない思想家としてそうするのである。もしカントの倫理学が歴史的に理解されるべきであるならば、ベンサムやジョン・スチュアート・ミルの功利主義も同様に、イギリスの社会史を背景として解釈されなければならない。ベンサムは快楽という、人間にとってきわめて普遍的な経験から出発するが、彼が快楽という善に対して与える位置、彼が快楽の計算を展開する筋道、この倫理を法定立の基礎とする筋道などはすべて明らかに十八世紀英国の理性の情況に依存している。同じように、エピキュロスの快楽主義はヘレニスティックである。それは、功利主義という後継者に似ているというよりは、歴史的には対立派であったストア主義によく似ているのである。そして功利主義は同時代の理想主義に対して、ほかの時代の快楽主義に対してよりも深い関係を持っている。同様にまたプラトン、アリストテレス、スピノザなどの倫理学の社会的歴史的源泉は、無学な民族の因習的な道徳の社会的歴史的源泉に劣らず重要である。多くの哲学者は、今もって以上のような自分と自分の仕事についての認識を避けようとしている。彼らは対立する思想体系を批判するときには歴史的方法や心理学的方法を用いるかもしれない。しかし自分の思想は歴史的相対性の支配の埒《らち》外に置こうと欲する。本人以外の人々は、意識的であれ無意識的であれ、彼らと同じ歴史的、社会的視点に立たない限り、彼らの片手落ちを見抜くことはできない。

形而上学も、また明らかに論理学や認識論も、倫理学と同様歴史的である。哲学的探究のすべての分野において歴史的方法が確立されてきた。歴史的方法が用いられているということは、人々がことばや記号によって伝達しようとしている事柄を理解するためにまずしなければならないことは、伝達しようとしている人と同じ視点に立ち、同じ方向を見、彼らと同じ測量器具、分析器具を用いることであることを人々が理解していることを意味している。ロックおよび経験論者一般は、経験が理性の働きの限界を決定する、と理解した。しかし今日、われわれはそれ以上に、この限界内で働く理性そのものが、その歴史的・社会的性格によって限定されていることを認識しなければならない。

人が時間の中に生きており、そのゆえにすべてのものを時間的なもの、歴史的なものとしてとらえなければならない、というだけでは十分でない。すべての現実がわれわれにとって時間的なものとなったということは疑いもなく正しい。しかし、われわれの相対主義は客体の歴史性よりも、それ以上に主体の歴史性を確認する。つまり、われわれの相対主義は、人が時間の中にいるだけでなく、時間が人のうちにあることを指摘するのである。さらに重要なことは、人の中にある時間は抽象的なものでなく、特定の具体的時間であるということである。その時間は、時間の一般的カテゴリーではなく、特定の言語や経済的、政治的諸関係、そして宗教的信仰や社会組織等々を持った、特定の社会の時間である。そのような特定の歴史的な時間が人の中でどのように働くかは、何よりもまず、経済史との関係によって厳密に示されている。マルクスとエンゲルスの仮説は極端な形では誇張があるが、慎重な学者によって社会史に批判的応用がなされるとき、人間の自己認識を重要視する人々すべてにとって、簡単に無視することのできない結果を産みだす。そのようなマルクス的分析の要点は、人間を、そのすべての思想と行為とにおいてこの世的な物質に対する人間的欲望を持つ経済的人間であるという事実によって深く影響されているものとしてとらえるだけでなく、むしろ人間はある特定の経済関係のただ中に生きており、それゆえに牧羊者として、農夫として、労働者として、中産階級に属する者として物を考えるほかないものとした点である。同じような筋道で、哲学や言語社会学は、時間がどのような形で人の中にあるかを示している。そこでは、正しい考え方が論理的と呼ばれて以来、部分的には知られてきたこと——言語と観念とが不可分離的であり、言語が思想を制約するということ、を明らかにし始めている。しかし言語は常に特定のもの、歴史的なものであって、決して一般的、静的なものではない。普遍的言語がない以上、すべての個々の言語が普遍的なものについての観念を語っているにしても、普遍的思想はありえない。

　神学者はおそらく彼らの視点の相対性を経済学者や政治学者、哲学者などに比べ、より多くのおりに、またより深刻に意識させられてきた。聖書を研究の対象とし、聖書的視点を自分のものにしようとする聖書神学者は、聖書の視点が歴史的、社会的に規定されていることを発見した。彼らは、十九世紀の自由主義思想の歴史的観点からイエスのことばを解釈することは、イエスの使信に対して公正でないことを発見した。彼らが第一世紀の中に自分の視点をとりイエスとともに考えるということは、同時にまたラビ的、預言者的、終末論的観念を念頭にしながら、歴史的に制約された者として考えるということを意味する。次に神学者が合理主義者であって、常識という教義に依拠する人であるなら、彼は常識《コモン・センス》とは文字どおりのもの——共同体の世論《コミュニティー センス》——であること、そしてすべての共同体は特殊のものであって、己れ自身の過去の産物、有限の文化の保持者でしかないことなどを学び知っている。政治的経済的合理主義における偉大な真理も、今日、歴史性や相対性に侵されていることが理解されているのとまったく同様に、宗教的合理主義の偉大な固有《インネイト》の諸観念というものも、特定の歴史的文化の中に居る人々にとって固有なのであって、人間一般にとって固有のものではないことが知られている。ドイツのある宗教哲学者は、五歳になるまでに学びおぼえた観念を理性に固有の真理とみなした、といわれている。このことは多かれ少なかれ、すべての人にもいえることである。合理主義は常に当然のこととされている諸観念によって機能する。しかし当然とされているものは歴史的な媒体を通して与えられるのである。次に神学者が経験主義者であって、科学者が数学を用いるような意味で宗教経験の分析に特定のカテゴリーの体系や、ある価値尺度を用いているならば、彼はカテゴリーの体系や価値尺度というものが、数学が歴史を持っているのと同じく、歴史を持っていること、あるいは、それらが歴史的、時間的な直観に依拠していることを学ばせられる。それらの体系や尺度が普遍的理性のものであるかどうかということは、それらが一見して固有のものであるとか、明晰であるとか、不可避であるとかということによっては決められない。一つの社会で受け入れられている諸観念はその社会の構成員にとっては常に自明のもの、当然のものと思えるからである。最後に、教会の教義から出発する教義学者にしても、他の神学者と同じ制約のもとにあることを発見するであろう。教義の歴史的起源、教義の解釈者の歴史的背景は無視できないからである。以上のように、いかなるタイプの神学にとっても、歴史的相対主義のディレンマからのがれる可能性はまったくないと思われる。いかなる観察者も歴史を抜け出して、時空を超えた領域に行くことはできないのだから、観察者の視点はすべての場合において考慮されなければならない。もし理性が機能するとすれば、それは歴史的理性として機能することで満足しなければならない。

このような情況にあって、古くからのもの、新しいものなど多くの誘惑が起こってくる。経験の領域に限定されて、理性がヒュームとともにすべての自信を失いかけると同時に、今日の懐疑的な歴史的相対主義は、歴史的、社会的に規定されたすべての思想が信頼できないと宣言する。その反対に、経験主義が明らかにした限界を主観的観念論は、主観的なもののみが真理であると主張することによって克服しようとした。さらには、国家主義的、人種的、教派的相対主義は、特定の歴史的集団の経験と思想のみが真理であり、信頼できるものであると宣言する。われわれの間で理論によってよりも実践においてよく見られる社会的唯我主義《ソリプシズム》は、個人的主観主義の近代的対応現象である。思想に対してこうした危険が迫っていることから、今日人々がこの問題を、歴史的相対主義そのものを錯覚であるとして葬ることによって避けようとしているのも不思議なことではない。しかしこれより前の時代には、懐疑主義のこれみよがしの絶望や主観主義の尊大な饒舌にもかかわらず、理性の作業は、実証主義以前の時代に逆戻りすることを拒んだ人々によって懐疑主義という理性の自殺行為にも利己的な全体主義にも屈することなく営みつづけられていた。批判哲学と批判的神学とは理性的主体に、その新しい自己認識によって課された制約を受け入れ、そして制約を持つ原理によって経験を批判、解釈し、導くという謙遜な任務を引き受けたのである。同様にわれわれの時代においても、理性の歴史的限界を認識するということは、特に神学にとって、また社会諸科学一般にとって、歴史の中で、また歴史的に知覚される経験の中で忠実な批判の作業につくための前奏曲となる。

批判的歴史的神学は、宗教的生の形態がその神学の歴史的体系の限界を超えたすべての場所で、すべての時代にどうあるべきかを指示することは決してできない。しかしみずからもその一部をなす歴史のわく内においては知的に納得のゆく範型《パターン》を捜し求めることはできる。批判的歴史的神学は、みずからの属する歴史の内部にある理性を分析することができ、この歴史的生に参加している人々を助け、彼らの思惟や活動における副次的なもの、歴史の動向における中心的観念や中心的範型に沿っていないものを無視させることができる。そのような神学は普遍的な宗教の言語の文法を示すことはできないが、個別的な宗教語の文法を示すことはできる。それにより、その言語を用いる人々が互いに考えるところを正しく伝達しあい、ことばが指示している現実をあやまりなくとらえることが可能となるであろう。この神学は、すべての宗教に応用可能な方法をあみだそうとはせず、その神学の視点が妥当性を持つ特定の信仰に応用される方法をあみだそうとする。キリスト教会において、そのような神学は、キリスト教信仰の他宗教に対する優越性を証明するための、攻撃的ないし護教的な企てでありえないことは明らかである。それは、教会の中で自己批判と自己認識の仕事を営みつづける告白的神学である。

歴史的相対主義の神学には、これ以上のことが要求されるし、また可能である。相対主義は主観主義や懐疑主義を意味しない。自分の観察が彼の視点によって規定されていることを告白する人が、彼のみている事物の現実性実在性までも疑わねばならないということは自明のことではない。自分の持つ概念が普遍的でないことを知る人は、その概念が普遍についての概念であることを疑わねばならないということも言えない。あるいはまた、自分の経験がすべて歴史的に媒介されていることを理解する人が歴史によっては何物も媒介されないと信じなければならないこともない。十八世紀における、人間の自然的平等の確認は、人間関係の把握の仕方、表現の仕方が当時の歴史的視点に相対的《レラティブ》であるがゆえに不真実なことの確認であるとはいえない。われわれが初期民主主義者と同じ一般的な視点に立つ限り、つまり、彼らが身をおいたと同じ歴史の経過にわれわれも参加する限り、彼らが見たと同じ普遍の局面を見ることができるし、またわれわれの見るところを彼らが用いたと同じことばで概念的にとらえ、表現することができる。彼らの所説の真理性をわれわれに確信させるものは、彼らに対する孝行心ではなく、また一方、今日の人種差別主義者をして人間の自然的平等を神話であると確信させるのは優れた知性ではない。人間の平等の理念が真理であるとの確信は、われわれに共通の社会史における視点から見ることのできる実在《リアリティ》との交渉から成長する。実際人々の間のこの関係は古代ギリシア人の視点や今日の人種差別主義者の視点に立つ限り、われわれには見えない。そのような視点からはわれわれは人間の差異と不平等のみを見るであろう。しかしわれわれが民主主義的な視点から見る事柄も、たとえすべての人々がそれを見ていなくとも、またそれを表現するわれわれの方法が普遍的な方法ではないとしても、現に実在する。

　われわれが心理的、歴史的に規定された経験において見る事柄を現実として受け入れることは、常になんらかの信仰の行為である。しかしその信仰は不可欠であり、またみずから存在理由を持ち、そのもたらす結果によって正当化される。批判的観念論は常に、陰に陽に、感覚によって媒介される事柄が、そのものとして実在することを信仰において受け入れる。また同時に、解釈されることも知的に把握されることもできない印象と、検証可能で確かであり、知的にも把握されうる内容とを分別する批判的実在論を伴っている。実証科学がその研究する対象の実在性に対する動物的《アニマル》信仰《フェイス》によって、また印象的経験に対する疑いを経験の核の客観性に対する確信によって補強しつつ作業を進めるように、歴史的相対主義は歴史的主体に対する批判、歴史によって媒介される批判等、あらゆる批判の中で信仰によっておのが道を歩むことができるし、そうせざるをえない。もしわれわれが、置かれた情況によって、キリスト教史の中にいる人々にのみ可能な神の知識に限定されるとしても、そのことはわれわれがキリスト教史の知識にのみ限定されることを意味しない。信仰においてキリスト教とともに神について考えることができるし、キリスト教において、この歴史的信仰の始まりであり終わりである存在者の経験を持つことができる。

さらに、われわれの歴史において現われ、歴史的存在者によって知覚される実在に向けられる歴史的信仰は、検証される可能性を持たない私的、主観的なものではない。歴史の中にいるということは、社会の中、それも特定の社会の中にいるということである。その社会の中の個人の有限な視点からの普遍の理解は、すべて同じ視点に立って同じ方向を見ている仲間の経験による検証や、その共同体内の過去の経験から成長してきた原理や概念との整合性による検証にゆだねられる。キリスト教史の内側で教会の思想と行動を理解し批判するという限定された仕事をしようとする神学は、同時にその批判的仕事に対する不断の検証を教会にあおがねばならない。社会史の中にいるがゆえに、それは個人的、私的な神学ではありえないし、非教会的な政治的、文化的歴史の分野の中に生きることもできない。その本拠地は教会である。その用語は教会の用語である。それは教会とともに、教会がその存在を得ていることを自覚してその信仰と業とのすべてを向けている普遍者に向けられる。

最後に、歴史的相対主義は歴史に対する妥当性《レリヴァンス》をも意味する。経験論は理性を経験の領域に限定したが、同時に理性の経験の領域に対する妥当性をも示し、経験の合理化へと導いた。同様に、歴史的相対主義は宗教的理性を歴史の領域に限定しつつなお、限定された領域における作業によって、キリスト教の歴史的社会的生の、よりよい知的、実際的な組織が産み出されるという希望を抱くことができる。

したがって、神学はキリスト教史の内側でキリスト教史から始められねばならない。なぜならば、そのほかには選択の余地はないからである。この意味で神学は啓示から出発することを余儀なくされている。ここで啓示とは単に歴史的信仰を意味する。しかも、この限定された出発は真の出発であって、探究の終わりではない。それは視点であって、かつて明るかった局面が光を失うことではない。歴史的相対性を告白させられた神学が啓示について語るとき、その啓示は、人が宗教においても他の事柄において見られるのと同じく、歴史的に規定されているということだけでなく、同時に、有限で時間的人間のあらゆる信頼と献身とを要求する実在は、歴史的キリスト教信仰の制約された視点に対してみずからを顕わされる、ということを意味している。そのような啓示の神学は客観的に相対主義的である。つまり、それが見る事柄のそのものとしての実在性を確信しながらも、その実在について の神学の主張は、視点を同じくする人々に対してのみ意味あるものであることを承認することによって歩むのである。

以上がわれわれの時代において啓示の意味についての疑問が重要なものとなった第一の理由である。今日、啓示について語るということは幾世代も前の人々によって立てられた思考様式に退却することではなく、人間の歴史的相対性を知った今日のキリスト者につきつけられた問題と忠実に取り組む努力をすることである。

第二節　宗教的相対主義と啓示

今一つのより古いディレンマが現代の神学に啓示から出発することを強いている。手短かに言えば、それはだれでも神について有意義に語ったり考えたりするには、神に対する信仰の視点からする以外には不可能である、ということである。神学的理性に対するこの第二の制約の認識はキリスト教史、ユダヤ教史の古い昔にさかのぼる。しかしわれわれにとってはより近い時代におけるこの真理の承認と、神学の自己批判が近代においてどのようにしてそのことの確信を深めたかということとを想い起こせば十分である。

近代の初めに、ルターは、神と信仰とが分離できないこと、つまり神に対する信仰の立場以外の視点から神についてなされる言説は内実において神についての言説にはならないことを、くり返し強調した。「神を持つとはどういうことか、あるいは神とは何か」と彼は問う。答えて言う。「心の信頼と信仰のみが神と偶像とを作る……なぜならば、信仰と神との二つは一体であるから。きみの心をかけ、きみの信頼を置くものが真実にきみの神である。」十九世紀の偉大な経験論的神学は、少なくとも部分的にはこの理解を更新して基盤としている。シュライエルマッハーとリッチュルとはともに、イエス・キリストの神に対する信仰の視点に神学を限定したことにその成功の少なからざる部分を負うている。シュライエルマッハーは、神学がきわめて不十分な方法で叙述しうる神は、彼が絶対的依存感情と定義した主観的信頼の対応者なる存在であって、決して相対的依存感情や相対的自由の感情の対象ではないことを理解した。彼をして神学における思弁的方法を拒否せしめ、宗教的人間の敬虔な感情を通して主題を取りあげしめたのは彼の観念論であるが、同時に神と信仰との不可分離性についての彼の認識であった。絶対的依存感情と神とを結びつけることは必要である、なぜならば、それを分離するとき人は神についてではなく世界について語ることになってしまうからである、と彼は論じている。われわれはこれを次のように言い変えても良いであろう。つまりキリスト教においてわれわれが語る存在者は、ほかの面ではどうあれ、価値であり、それも絶対的価値であって、自己《セルフ》がその所有するいかなる存在についても、価値についてもまったく一方的に付与されていると感じるような存在者である、と。さて、絶対的価値である存在者について語るには、価値を持たない物や、われわれが価値を付与しているものについて語ることによって始めることはできない。シュライエルマッハーは、人間とは人格的価値関係のなんらかの感覚を持っているのだから、人が絶対的に依存していない物について語るとき必然的に部分的に人に依存しているものについて語ることになる、などという護教的発言をさし控えている。彼はそのことを知っていたが自分を信仰に限定した。信仰の神学としての限界を超えようとすることは神学のあずかり知らぬことであった。信仰の領域内にもなすべきことは多くあった。神と信仰とは一体なのである。彼は書いている。「あらゆる感情から完全に独立した神に関する観念を持つという自負をもって、絶対的依存感情を人間以下のものとして拒否する人が多くいる。われわれの所説はそのような独創的な神の知識と対抗しようとは思わない。ただそのようなものを敬虔とはなんの関係も持たないがゆえに、キリスト教神学においてわれわれとはなんの関係も持たないものとして無視するのみである。」

リッチュルはこの関係論的神学を今日一般によく知られている形にまでおし進めた。彼の論述の基礎にあるのは、神、罪、キリスト、救いなどについてのキリスト教の主張が、キリスト教の文脈の中でのみ意味を持つことに対する理解である。あるいは――このことを彼がしたようなより広い言い方で言えば――宗教的判断は価値判断であって、単に経験を報告しているだけでなく、感情と意志と欲求とを持つ人間の全的な応答が込められている価値経験を報告している、ということになる。キリスト者が「神」と言うとき、彼は太陽系や宇宙の原因である何ものかが存在するとか、あるいは、数学者たちが好んで考えるような、世界の設計者としての偉大な数学者のごときものが存在するとかいうことを考えているのではない。彼が考えていること、「神」ということばでさし示そうとしていることとは、無限に魅力のある存在者、みずからの属性によってわれわれから献身と喜びと信頼とを喚起する存在者のことである。この神は常に「わたしの神」、「われわれの善」、「われわれの初め」、「われわれの終わり」である。ほかの方法で神について語るということは、全面的にそうではないにしても、あたかも自分が見ることに喜びを感じない絵画の美について、色彩と構成とバランスが、それ自身において、あるいは一般的非人格的に考えられるところでも美であるかのように語るのにひとしい。キリスト教の概念や判断の価値評価的性格にリッチュルが固執したことは、キリスト教の思想における多くの混乱した点、まぎらわしい点を解きほぐすのに力があった。それは神学における知的な方法が常に宗教的には不満足なものにならざるをえない理由を明らかにしたし、なぜその方法が宗教的共同体から離れ去っていくのか、それがなぜ祈りも悔改めも引き出すことができないかを示し、またなぜ讃美も改革も引き起こさないかを説明した。また彼はこの方法で、以前にシュライエルマッハーがしたように、同一の事件についての宗教的見方と非宗教的な見方との間の差異の原因を明らかにした。シュライエルマッハーが指摘したように「同じ言説が宗教においては真理でありながら哲学では非真理になるのはなぜか、またその逆がどうして起こりうるのかという奇妙な疑問はもはや生じえない。なぜならば一方の領域での言説は他の領域において自分の場所を持たないからであり、似ているようにみえても両者の違いは常に前提されねばならないからである」。神学における信仰の方法の更新は今一つの重要な結果を生んだ。それは、キリスト教信仰の歴史的検証への刺激が与えられたことである。神学はキリスト教信仰の基礎を、観念的な、あるいは哲学的な教理《ドグマ》に求めるのではなく、キリスト教的生そのものに求めるべきであるとしたからである。それはキリスト者の、史的イエスとその宗教的信仰に対する関心を増大させた。また成長しつつあった社会的福音に力を与え、教会の道徳的生を活発にした。信仰の神学の生んだ果実はその方法の正しさの証拠となった。

しかし、もし方法がそのもたらす結果によって検証されるというのであれば、シュライエルマッハーやリッチュルの経験論的信仰の神学は、ただその良い結果によって多とされるだけでなく、同時にそれが教会の経験の中にひき起こした誤解とその誤解が露呈した彼らの誤謬のゆえに責められねばならない。今日、恩を知らない神学者の世代は、自分が自覚している以上に先達に負っているにもかかわらず、シュライエルマッハー以後に生じた悪を指弾することに喜びを感じ、彼の功績をも彼の骨とともに埋めてしまっている。それでもなお、彼らの高慢さはどこまでも誤ったものであるにせよ、批判には正しい点がある。なぜなら、シュライエルマッハーは明らかにその方法において混乱におちいってしまい、致命的な結果を生み出してしまったからである。彼は神と絶対依存感情とを一体のものとみなし、神について語るにはこの絶対依存感情の視点からしかできないことを認めはしたが、しかし彼はこの立場を彼の神学において貫かず、絶対依存感情を彼の対象とし、信仰の関心を神に向けることをせず、絶対依存感情に向けてしまった。確かにシュライエルマッハーは父の罪を自分が罪を犯す口実とした弟子たちほどには主観主義的ではなかった。にもかかわらず、彼の信仰の神学は「信仰学」ないしは「宗教学」になってしまい、関心を神から宗教的感情に向けかえ、宗教的感情を信頼の対象としてしまった。この誘惑はルターのとき以来、プロテスタント神学が常にさらされてきたものである。ルター主義における主観主義的倒錯は救いの力を信仰の対象なる神よりも信仰そのものに帰するという傾向性にあらわれているし、シュライエルマッハーの後継者にあっても、宗教が神に帰する属性をすべて宗教に帰してしまうというところにあらわれている。彼らにとっては宗教が生命を昂揚するもの、精神的、社会的エネルギーの創造者、人を悪からあがないだすもの、愛すべき共同体の建設者、偉大な精神的価値の統合者となっている。そこでは、宗教の神は補助として必要なものとなっている。そこでは、ほんとうの神が必要なのか、単に神の明晰な観念が必要なのか、どちらなのかという疑問が生じるであろう。近代になって作られた「宗教家」ということばは、シュライエルマッハーも部分的には創始者となったこの傾向に従う人々にまさにうってつけのことばである。なぜならば、彼らにとって関心の的であり、力の根源となるのは宗教であって、生きた信仰が最高の献身に価するとみなす神ではないからである。宗教におけるこの傾向は他の分野において価値関係が最高の価値とされるという倒錯現象と対応している。つまり、審美主義は美的感情を美しい対象以上に評価し道徳主義が、自己のうちなる徳性を関心の対象とし、道徳的生が目標とする善に関心を向けない、という傾向である。

リッチュルの信仰の神学は、シュライエルマッハーの神学とは多少異なる点で迷路にそれて行き、より明瞭な形で矛盾におちいってしまった。「人間は自覚的に、また意志的にキリストのすえられた共同体の一員として留まる限りで、神、罪、悔改め、永生などのことばのキリスト教的意味を理解することができる」と強調しておきながら、また他方で、伝統的な神学の方法はキリスト教のらち外の立場からキリスト教的立場に無自覚的に移行しているがゆえに、つまり自然神学から啓示神学に跳び移っているがゆえに論理的に整合性を欠くと批判しながら、リッチュル自身も神の属性を、自然と対決する一般的人間の共同体の一員としての立場から分析し始めてしまった。キリスト教的判断は価値判断であると述べたのち、彼は価値序列を構想したが、それは神が最高の価値であり、また価値において絶対でなければ神は神でありえないキリスト教信仰の価値序列ではなく、むしろ文明人の価値序列になってしまっている。彼の価値基準はよく知られている。つまり「物事の宗教的見方は、人間が周囲の現象とは価値において違っているという事実に基礎をもつ」。「すべての宗教において、人間によって畏敬される超人間的、精神的力の助けが求められるのは、人間が自然の一部として、また自然を支配しようとする精神的人格として感ずる矛盾を解決しようとするときである」。初めに、キリスト教で知られる神は、感情と意志とによって応答する人にみずからを顕わす方としてのみ語られうると述べておきながら、のちに意志と欲求とを神に向けられたものとするのではなく、自然に対する人間の優位性の保持に向けられたものとして措定する。つまり彼は神の人間に対する価値を、人間が神と自分とを比較することによってではなく、自然と自分とを比較することによって下す自己評価によって解釈する。リッチュルは多くの価値理論家がすること——価値概念を、人が価値や反価値を認める人間同志の関係や人と物との関係から抽象すること——はしなかった。しかし、人の神に対する関係は価値関係であると述べながら、それに先立つ価値関係——自然と対決する人間という——を措定した。自然との関係において人はみずからを評価する。彼は自然をおのが価値に仕えるものとして評価する。自然とは人間にとって手段であり、人間の支配するものである。つまりリッチュルは、神を、人間よりも無限にすぐれたものと評価し、人間の持つあらゆる真の価値の源泉と評価するキリスト教信仰の立場から神に接近したのではなく、自然に対する人間の価値についての人間の自信という立場から神に接近したのである。したがってリッチュルの語る神的存在とはキリスト教信仰の神ではなく、人間は超自然的存在であるとの自信を支持する存在者ないしはもろもろの存在者であることになってしまった。ここでは神的存在とは目標ではなく手段であった。それは人間の絶対依存感情の対象ではなく、人間的自由の感覚の対応物であった。それは、人間とは内在的価値を持っているという感覚を支持する実在——それがなんであれ——であった。そのような信仰はキリスト教の神に向けられるのではなく、「自然の世界や社会に対して持つあらゆる関係において精神が持つ超自然的独立性」

に向けられたのである。

リッチュルの価値序列の源泉は歴史を無限にさかのぼって求められる。ギリシア人はその古典時代においてもソフィストの思想においても人間を万物の尺度としてきたし、常にいわゆる低級な動物との比較から構成された価値序列を他のあらゆる関係に応用してきた。リッチュルの場合は直接の源泉は明らかにカント哲学である。しかし、神学にとってはギリシア思想ないし哲学をいつも贖宥羊《スケイプ・ゴート》とすることは不必要でもあり、無意味でもある。人が自分を中心に考え、人間中心の宇宙を構築し、神に対する信仰でなく、自分自身の価値に対する自信を出発点とする、という信仰の歪曲は過去にくり返し起こっている。またこれからも何度も起こるであろうことは疑いようがない。そしてそれは、しばしば哲学の助けのもとになされてきたが、聖書の助けによってなされることも可能であった。つまり、創世記の記事を解釈する際、人間の創造者に対する依存よりも、人間の自然に対する支配を強調することによって信仰を歪曲するのである。またなんらかの啓示された律法や福音の助けでなされる場合もある。きっかけはさまざまであるが傾向は普遍的である。リッチュルをして彼が告白した神に対するキリスト教信仰の立場から逸脱せしめ、結果として彼の神学を矛盾に追い込み、キリスト者の生の方向をあやまらしめたのは、彼の立論の文脈が示しているように、キリスト教を最善の宗教として証明しようとしたことである。シュライエルマッハーの倒錯もその原因の大なる部分は宗教を人間の精神生活の重要な要素であると弁護しようとしたことにあると考えられる。いずれにせよ、リッチュルはキリスト者をしてよきキリスト者になるように、また教会がよき教会になるように手助けしようとして出発しながら、キリスト者はキリスト者であるがゆえに何かしら他の人々よりもよい人間であるとか、キリスト教は最善の宗教であるということを証明しようとする、初めの意図とはまったく異なる努力へと導かれていったのである。この努力を進めるにあたって、彼はキリスト教が他の宗教と共有していて、その点でキリスト教の優越性が知られるような要素に言及することしか方法がなかった。そこで彼はイエス・キリストの神を万物の尺度とするキリスト教信仰の立場を放棄し、自然に対して優位に立つ存在としての人間に対する信仰の立場を採用したのである。この信仰においては人間が万物の尺度である。リッチュルをして神に対する信仰の立場を放棄せしめ、人間に対する異教的確信の視点を受け入れるよう誘惑したのは、キリスト教信仰の果実によって証明されたり否定されたりするキリスト教の価値を、それとは別の方法で証明しようとする防御的姿勢と欲求とであった。

リッチュルの倒錯の結果については広く知られているが、ここでも神学的後裔たちが父祖たちを、すっぱいぶどうを食べたというかどで指弾するのはいかなる権利によるのか疑問である。リッチュルは二重の視点を持って二重のことを見た。彼にとってキリスト教は神を中心とする円ではなく、二つの焦点を持つ楕円である。一つは神、その前に人は赦された罪人であり、人にとって初めであり終わりである神、そして第二に人間、自然との対決において自分を目的の王国の初めにして終わりであると考えている人間とである。リッチュルの後継者にとってキリスト教はしばしば共通の領域を持たない二つの円になってしまった。一つの円はいわゆる宗教の円であり、他はいわゆる倫理の円である。そして時には人間の精神的人格を中心とする一つの円となってしまい、神ないしは神の観念は周辺のどこかに位置することになってしまった。このことが神学に持ちこんだ混乱よりもさらに悪しき結果は、教会の中にあいまいさを持ちこんだことである。教会は、宗教的感覚の涵養のための特別の機関となるか、あるいは人間の自然に対する、つまり人間の自然的性質、およびその他の自然に対する優位を増進するための倫理的文化団体となるか、という奇妙なディレンマの中に置かれることになってしまったのである。

もちろん、シュライエルマッハーもリッチュルも、彼らの信仰の神学の矛盾から生じたすべての結果について非難さるべきではない。彼らは、教会が理論として持っていなくとも、実際の活動においてはっきり持っていた諸傾向を理論的に例証してみせた、単なる代弁者にすぎないとも言えるのである。それ以上に、キリスト教は思想的指導者たちが提供した機会をとらえ、キリスト教信仰の立場を放棄し、他の視点を採用したのである。十九、二十両世紀に、キリスト者はみずからを教会の成員と考えるよりは第一に国家的、文化的社会の成員であると考え、キリスト教信仰を文明の補助物と考える誘惑に、先行するどの時代よりも強くさらされた。しかし、人間中心主義への誘惑と傾向とは普遍的であり、いかなる新しい神学——啓示の神学も含めて——も同じような歪曲の危険にさらされるであろうし、また、人間中心主義への機会を提供するであろうことは確実である。なぜなら、イエス・キリストの神への信仰はきわめてまれなものであり、偶像への信仰は永遠にキリスト教信仰のごとくおのれを装うであろうからである。

しかしながらわれわれが現在注目しなければならないのは、この情況における宗教的、道徳的帰趨ではなく、神学的局面である。神学における首尾一貫性は、その実現のためには途上にいかなる困難があっても、確かに追求されるべき理想であって、それは、他の理性的探究においてもそうであるように、一つの視点に固執することによってのみ可能である。その上に、神学は多くの悲しい経験によって、キリスト教信仰の神が理解される唯一の視点はキリスト教信仰そのものであることを教えられてきた。こうした情況は人間の知識にとって意外なことではない。自然に関する諸科学は、もしそれがみずからの固有の仕事を遂行しようとするならば、ひたむきにその対象に関心を向け、対象に即応した方法を開発しなければならない。関心を自然から超自然に向け変えたり、ひたむきな観察の立場を、科学それ自身の価値であるとか、あるいはプロレタリアートの目標、民主主義の目標、宗教的目標の実現といった事柄にかかわる、人間的関心に向けたりしてはならないことを学んできた。シュライエルマッハーやリッチュルの神学が例示しているように、神学が神に対する信仰の視点を放棄するのは、その視点があまりに対象にとらわれすぎているという理由からではなく、その視点が神学をして他の関心――キリスト教それ自身や宗教、文明、人間などの価値を弁護すること――を追求することを許さない、という理由からである。人が行なう探究のほかの分野ではともかく、神学においては公平無私《ディスインタレステッドネス》ということはありえない。人は神とか神々については、意志と感情を持ち、応答する自己《セルフ》によってしかとらえられない価値づけられた存在ないしは価値としてしか語りえないからである。神学はキリスト教信仰の立場、つまり可能な限りキリスト教信仰の神のみに関心を向ける立場を保持することもあり、あるいはまた、他の何物かへの信仰の立場、つまり宗教とか道徳意識であるとか、人間の価値、文明などに対する多かれ少なかれ排他的関心を寄せることもある。神学が後者のうちの一つの関心を追求するときに、神学はキリスト教信仰の立場をとるときに比べてより公平無私になるとか、客観的になるとかいうことはありえない。そのとき神学は、神に対する信仰の立場からすれば、イエス・キリストの父と比べてあまりに狭く、あまりに有限なものに主なる関心を寄せることになるだけである。そしてその神学が、神以外の価値づけられたものに対する信仰の立場からキリスト教信仰の神に目を向けるとき、その神学が見るものは決してキリスト教信仰が知っているキリスト教の神ではない。人間的願望の達成の援助者でしかないような神は、キリストが「わたしの思いではなく、あなたのみ心をなしたまえ」と語りかけた存在ではない。

おもに神学の自己批判から生じたこの情況認識は現代の神学にふたたびキリスト者共同体の信仰から、したがって啓示から、出発することを要求している。シュライエルマッハーやリッチュルが出発した点から、彼らをそうさせたのと同じ理由によって出発することが必要であり、彼らがたどり着いた点から、彼らのもろもろの矛盾を取りこんで出発することなど不必要である。確かに、現代の神学者のだれも過去のすべての神学に現われている原罪の支配、つまり偶像崇拝への傾向をまぬがれる能力があるなどと考えなければならないわけではない。しかし、彼が過去のある特定の罪から出発してしまい、神への信仰の立場から断固たる覚悟で出発しないのであれば、彼にも彼の努力にも希望はない。

今日われわれの時代に展開しつつある啓示の神学は、神学の宗教的相対性および歴史的相対性に対する理解の帰結である。神についてのあらゆる思想の歴史的限界が、神学に自覚的に歴史的共同体とともに、歴史的共同体の中で出発することを要求するならば、信仰の対象の属性を探求する学としての神学の限界は信仰に、しかも一般的信仰というものはない以上、特定の信仰に出発点をおくことを要求する。神と信仰とは一体であるから、キリスト教神学者は、イエス・キリストの神に向けられたキリスト者共同体の信仰の中におらねばならない。そうでなければ、彼の立場は、キリスト教とは別の信仰と、別の神とを持った他の共同体の立場である。中立的立場などはありえず、信仰から分離できないものに接近する無信仰的情況はない。キリスト者や神学者がいかなる自由を持つとしても、彼らにとっては、最高の価値にまったくかかわりあわないという意味での絶対的自由というようなものはない。中立とか無拘束とかは、人間の神や神々が問題となっているところでは漠とした幻想にすぎない。神学的理性に対する歴史の束縛がふたたび明らかになったがゆえに、しかしまた、この束縛の中での探究の自由がきわめて現実的なものであるがゆえに、人々は今日啓示についての問いを提起しなければならない。

第三節　啓示と告白的神学

出発点は重要であるが、しかしその後にたどられる道もそれに劣らず重要である。神学はその作業の出発点をほかに持たないがゆえに、歴史的信仰から出発することを余儀なくされている。にもかかわらず、共通の信仰の視点からその信仰の対象に通ずる直線的な道からの逸脱は、啓示の神学においても、類を異にする宗教思想すべてにみられるのと同様に、普遍的現象である。その逸脱の主要な原因は、シュライエルマッハーやリッチュルの思想において起こった逸脱の原因と同じであることは明白である。つまり、自己弁護や自己義認への傾向であり、信仰の対象から信仰の主体への関心の転向である。

キリスト者、教会、宗教、福音、啓示などを弁明することは、これに向かって外からなされる攻撃や、内から起こる疑いなどの前にあって永久に必要であろう。敗北や失態に対する恐れが人々をして目標に向かってのひたむきな献身から、自分自身と目標達成の方法とを守ろうとする努力に転向させる。われわれは、真理発見の方法を用いているというだけでなく、その方法が最善のものであるということを、われわれの作業が生み出す結果によらず、なにか別の方法で示さなければならないと感じてしまう。われわれはキリスト教信仰に生きようと願うだけでなく、信仰によって自分を推薦しようとし、ほかのもろもろの信仰の中でも、キリスト教信仰が最善のものであることを証明してみたがるのである。そのような弁護は、それがあくまでわれわれの目標に向かっての主要な仕事の下に立つものであれば無害でもあろう。しかしそれがもし前面に出されるなら、いかなる敵の攻撃にもまさって宗教、キリスト教、そして魂にとって破壊的である。

キリスト者共同体の歴史的信仰から出発する啓示の神学は自己義認や出発点の放棄への誘惑を他のいかなる神学にも劣らず受けている。啓示の神学は不本意なことも進んでしなければならず、単にそれが不可避の方法であることだけでなく、結果からもほかのいかなる方法にもまさっているものとしてみずからを推薦することもあるであろう。また、信仰の共同体によって見られる神から注意をそらせ、その共同体、その信仰、その神学などを弁護しなければならないこともあるであろう。啓示の観念そのものも神のより大いなる栄光のためにではなく、教会やさらには個々の神学者の防衛や拡大強化のための武器として用いられることもあるかもしれない。啓示の問題について最近出版された書物の中に「啓示の問題は、キリスト教的宗教が人々の魂を支配する普遍的帝国であるという主張の根本をなす」という文章がある。このような護教的言説は明らかな自己矛盾を含んでいる。なぜなら、啓示と「人々の魂を支配する普遍的帝国であるというキリスト教的宗教の主張」とは決して相入れないものであるからである。キリスト教の啓示の信仰は、ご自身を唯一の普遍的な主権者として、また、すべての人間——特に信仰においてその前に立つ人々——をご自分の主権にまったくふさわしくない罪人として審くかたとして、啓示したもう神に向けられている。キリスト教信仰の神の主権をキリスト教的宗教の主権と置きかえることは、たとえそれが啓示の観念によってなされたとしても、新しい型の偶像崇拝におちいることであり、イエス・キリストの神に向けられた信仰と啓示の立場を放棄することであり、宗教と啓示に向けられた信仰の立場をとることを意味する。キリスト教信仰は人々の魂を支配する普遍的帝国であるという主張を補強するために用いられる啓示などは、イエス・キリストが信仰においてみずからを無にし、自分の評判を高めることをせず、王冠を拒否しながら従った彼の神の啓示とは異なる、別のものである。

啓示の観念の自己防衛的な用い方のすべてに見られる明白な自己矛盾は、啓示の問題を扱うあらゆる努力が断固として告白的でなければならないことを示唆している。歴史と信仰における限定された立場から出発することを余儀なくされているという、ただそれだけの理由から、われわれは啓示から出発するのであるから、われわれは、自分の共同体の中でわれわれに対して何が起こったのか、どのようにしてわれわれは信ずる者となったのか、われわれは物事をどのように推論するのか、われわれの視点から何を見るのかなどを率直な告白的形式で表明することによってのみ道を進めうるのである。

その他の理由からも、啓示を護教的に用いないこと、告白的方法を用いることが要求される。教会は他者よりもすぐれた知識を持っているとか、教会はすぐれた点を持っているとかの主張を正当化するために、啓示が用いられるときにはいつでも、必然的に啓示はなにか教会が所有できるものとみなされる。しかし所有された啓示などというものは、静的なものであり、書物や信条、教義などのように、キリスト者共同体における人間的管理のもとにあるものである。それは、教会自身が神の前で自分の貧しさ、罪、悲惨さを悟らせられる、あの生起しつつある啓示ではない。その上、それは生ける神の啓示ではない。なぜなら、所有される啓示の神は過去の神、死者の神であって、かつてご自分の真理を人々に伝えたが今はあらゆる意味で、かつ要領よくこの世から引退し、彼の事業を幾人かの啓示の後見人――教会、祭司、神学校などの――に管理させているということになる。したがって今日の出来事としての啓示とは単にこれらの教職者の働きとされてしまう。神学の告白的形態を受け入れない限り、このような静的で理神論的な啓示の観念の解釈――これは、神とは生ける神であって、自己を啓示されるかたであるという、啓示において強調されている点と矛盾するものであるが――は避けようがないと思われる。最後に告白的形態は啓示によって必然化される。啓示は神の善性を表わすのに劣らず人間の罪をも露呈させるからである。啓示は人をなんの防具もなしに神に直面させるのであるから、人は啓示について告白者のことばによるほかには語りえない。啓示に対する宗教的応答は信仰の告白において、またそれ以上に、罪の告白においてなされる。また、啓示の内容については信仰の立場をとることによる以外は語りえないことを承認する神学は、同時に聖徒の神学としてではなく、罪人の神学としてのみその対象を扱いうることをも理解しなければならない。啓示を出発点に定めたときと同じことが神学の告白的形態についてもいえる。つまり、自由な選択がこの方法の採用を決定するのでなく、必要がそれを定めるのである。

以上述べてきたことをまとめると次のようになる。キリスト教神学は今日啓示から始めなければならない。なぜならばキリスト教神学は人が歴史的、共同体的存在として、また信ずる者としてしか神について考えることができないことを知っているからである。キリスト教神学は、啓示がキリスト者にとって何を意味するかを問うべきであって、啓示があらゆる場所、あらゆる時代のあらゆる人々にとって何を意味すべきかを問うてはならない。そして神学はその探究をキリスト者の生の物語を想起し、キリスト者がその歴史と信仰における限られた視点から見るものを分析することによってのみ道を進むことができる。

第二章　われわれの生の物語

第一節　キリスト教信仰の歴史的方法

歴史性を自覚しているわれわれの時間は歴史的視点の制約を圧迫感及び挫折感をもって受けとめる。しかし、この情況にあって、われわれはキリスト者共同体が通常――ことに最もさかんであったときに――歴史的方法を用いてきたことを思い起こすのが良いであろう。明らかに、キリスト者共同体はその歴史において共同体に起こった出来事を告白のことばによって語ることが難儀な必要ではなく、好都合なことであり、歴史的視点を受け入れることがみずからを制限することではなく解放することであることを感じとっている。初代教会の説教は神の存在に関する議論でも、非歴史的、非社会的性質を持つ万民共通の理性に対する訓戒を守れというすすめでもなかった。それはおもに、イエス・キリストの歴史的出現にまつわる大いなる出来事を単純に物語ることであったし、また弟子たちの集団に対して起こったことの告白であった。教会が語ろうとしたことがなんであったにせよ、また教会に啓示され明らかにされたことがなんであったにせよ、それはひとりの歴史的人格および彼の共同体に起こった出来事との関連においてのみ提示されえたのである。告白は歴史をさしてなされ、また自覚的に歴史においてなされたのである。

たしかにパウロは自分自身を推薦しようとする根強い傾向に屈したときには啓示を私的な幻として語っている。またコリントの聖霊主義者《スピリチュアリスト》が優越を気どっているのに対して自分を弁護しようとしたときにもパウロは奥義と隠された知恵に依拠している。しかし、彼が何を伝えようとしているのかを聴き手や読者に提示するという彼本来の仕事に帰ったときには次のように語っている。

さきにわが伝えし福音を更にまたなんじらに示す。汝らはこれを受け、これによりて立ちたり。なんじら徒らに信ぜずして我が伝えしままを堅く守らば、この福音によりて救われん。わが第一に伝えしは、我が受けし所にしてキリスト聖書に応じて我らの罪のために死に、また葬られ、聖書に応じて三日目に甦えり、ケパに現れ、後に十二弟子に現れ給いし事なり。次に五百人以上の兄弟に同時にあらわれ給えり。その中には既に眠りたる者もあれど、多くは今なお世にあり。次にヤコブに現れ、次にすべての使徒に現れ、最終には月足らぬ者のごとき我にも現れ給えり。

第二世紀の偉大な無名の神学者は、神の恩寵の福音をギリシア人の知恵のことばにたとえて語っている。しかし彼がロゴスとか光とか生命とかいうことばで本来何を言おうとしたのかを明らかにすることは、彼なりの仕方でイエス・キリストの物語を語ることによってのみ可能であった。使徒行伝に記録ないし再構成されているペテロやステパノの説教は、キリスト者やイスラエル人の歴史において起こった大いなる出来事の詳述であった。一般にキリスト教の伝道は、共観福音書に保存されている資料によって示されているところによれば、直接にイエスから始まっており、多かれ少なかれ物語りふうに、「われわれの間で最も固く信じられている」こと、「イエスが行ないまた教えはじめられたことをことごとく」物語ることによってなされている。われわれは、キリスト教信仰を形而上学的、倫理学的な、きわめて一般性を持つ用語で説明しようとする試みが多くあったにもかかわらず、多少とも普遍性を持つものとして教会内に生き残れた唯一の信条は、その大半が出来事の叙述に費やされているという事実を思い起こすのがよいであろう。

初代の説教者たちが、神、救い、啓示などについての話によって何を言おうとしているのかを問われて、たとえ話を用いたり、知られざる神とかロゴスとかに言及してゆくにつれ、かえって聴き手を混乱させてしまったのち、説明に窮して、ついに彼らの生そのものに立ち帰り、これを物語って、「われわれが言わんとしているのはわれわれの間で、われわれに対して起こったこの出来事のことなのだ」と言ったであろうことが想像される。彼らはこの点で以前から神について語っていた預言者や、啓示について語っていたユダヤ教団にならっている。彼らも常に歴史を語った。アブラハム、イサク、ヤコブに起こったこと、エジプトからの解放、シナイ山での契約、神の力ある業などを語ったのである。彼らの私的な幻視も「ウジア王の死んだ年に」という具合に日時が明示され、道徳律も歴史的事件に結びつけられている。また神でさえも形而上学的、倫理的属性において定義されるよりは、アブラハム、イサク、ヤコブの神という具合に歴史的関係において定義されている。

物語の助けをかりて言わんとするところを説明するということは周知の教育上の技術である。リンカーンも自分のもっている考えを他人に伝えるのに素朴な物語をもってし、鋭く、余すところなく伝えたのである。プラトンも哲学を説明したり、普通のことばでは叙述できない真理を伝達するために神話を用いたのであった。イエスご自身も「神の国」という句が何を意味するかをわかりやすく述べるためにたとえ話を用いられた。しかしながらこれまでキリスト者をして信仰を告白するときに彼らの生の物語をするようにしむけたのは、生き生きとした例話や比論《アナロジー》の論理が必要であるといったこと以上のことであった。彼らの物語は代替のきくたとえ話ではない。それは代替不可能であり、翻案できないものである。自由な選択によってではなく内的必然に迫られて、イエス・キリストについて、またキリストを通して起こった彼らと神との関係を述べることにより、彼らの知ったことを語ったのである。

今日われわれも同じ強制のもとに考え、語っている。われわれは今日、キリスト者共同体における先達がたどった道をわれわれも歩まねばならないことに気づいている。そしてこのことをわれわれが承認する理由は、何よりもほかのいかなる道においても障害にあったということにつきるのである。ホワイトヘッド教授とともに「宗教がその歴史にでなく教義に霊感を求めることは宗教の自殺行為である。宗教の霊感は宗教の歴史に見いだされる」ことを発見したのであるから、われわれはこれまでなされてきたとおりのことを行なわねばならない。このことがキリスト教以外の信仰においても妥当であるかどうか知らない。しかしわれわれの信仰にあってはまさに真理であると思われる。形而上学体系はわれわれの共同体の知的生命を保持できなかったし、抽象的倫理体系も、その理想と命令法をもってしても、献身と服従の力とをになうことはできなかった。観念論的形而上学も実在論哲学も、完全主義倫理も幸福主義の倫理も新約聖書に対する貧弱な代替でしかなかった。これらを栄養として育った教会は、精神的くる病に冒されているように思われる。しかしながら、われわれの共同体をして歴史によって語るように強いるのは生きつづけることの必要性ではない。教会が存続しなければならないというのは決して自明の真理ではない。歴史的立場も告白的立場も自己保存を生の第一法則として受け入れることはできない。歴史においてわれわれは死が最良の生をも支配することを知っており、信仰において、生命を求めることはこれを失うことであることを理解しているからである。教会に対する強制は教会の象徴するものを正しく語る必要性――教会が生きたものである限り持つ必要性――から、またそれを教会の生の物語をすること以外のことによってはできないということから生じるのである。

今日の教会の説教者も神学者も、新約聖書の福音書記者がしたのと同じことをしなければならない。彼らの置かれている情況がそれ以外のことを許さないからである。歴史的存在としての視点から、われわれは、われわれの時間の中にあり、われわれの歴史を媒介として見える事柄についてしか語れないのである。われわれは魚が水の中にいるのと同じように歴史の中におり、神の啓示によってわれわれが言おうとすることも、われわれがその中で生きている媒介を通してしか説明できないのである。他の方法によろうとするとき、われわれは昔からある窮地に追いこまれることに気づかざるをえない。人はすべて自然の中にあるのだから、歴史はさまざまに異なっていても、イエスがされたように雨や太陽、雀、野の百合などをさし示すことによって、また顕微鏡や望遠鏡、より精緻な知性の働きがとらえうるような自然界の奇跡をさし示すことによって、人々をわれわれが礼拝と説教とで言い表わそうとする神に向けることができるとも考えられる。歴史神学者としてではなく自然神学者としてわれわれは自然を歴史から切り離し、人々に自然がその創造者を讃美する声を聞くようにとすすめる。しかしその神学も潜在的には歴史的である。キリスト教史の中にあることから、その神学は自然をキリストの心をもって見る。それはちょうどイエスご自身がモーセや多くの預言者に養われた目をもって自然を見、そこに獣や花に対する神の配慮を指摘したことと同じである。われわれは空間に事物を指さし、一般的時間の中に時間的なもの一般を指さし、神のことばとか啓示とかいうことばによってわれわれが何を言おうとしているかは、ただ星や木や花を見ればわかるはずであるとは言えない。自然の書物の中に神のことばを読みうるのはカントとともに彼の時空の中にあって星空を仰ぐときであり、エレミヤとともにあめんどうの花の咲き誇るのを見るときであり、イエスとともに野の百合を見るときである。われわれの歴史を通して見られる自然は、確かにわれわれの言おうとすることを象徴するもの、神を指し示すものである。しかしわれわれの歴史と信仰とによって解釈されないままの自然、われわれの信仰と歴史の文脈から切り離され、他の文脈の中におかれた自然はわれわれの言わんとするところを表示できない。自然はそれを観察する視点やそのおかれた文脈によってさまざまのことを意味する。絶望という文脈の中では自然は人間とその業《わざ》に対するまったくの無関心を意味するであろうし、軍事力に対する信頼という視点からは残忍さに対する祝福を意味するであろう。また、数学的思考法が真理に到達する唯一の道であるという信仰の文脈においては自然は数学に対する最も強い関心を意味するであろう。

われわれの歴史を通して解釈されなければ自然は啓示が何を意味するかについて何の象徴もわれわ

れに与えないが、神学において自然とは対蹠的である聖書も同じような位置にある。われわれは歴史的存在ではあるけれども、なおわれわれはこの動く視点に立ちながら超歴史的な神のことばを注視できると主張されるかもしれない。初代プロテスタントの多くは、聖書と啓示を等置した限りではそのように考えていたらしい。しかしながら、改革者たちは——もちろん彼らの後継者ほどにはっきりとではなかったにしろ——聖書は宗教や生活、律法や戒律についての物語や観察記録の集積であり、かつ、道徳的、政治的、天文学的、人類学的な諸観念を包含した一冊の書物であって、それを書いた人人や、のちになって記録されるまで伝承を語り伝えた一団の人々の文化の状態以外の何物をも明らかにするものではないことを知っていたのである。われわれは聖書を指さして、そこに書いてあることを読みさえすれば、われわれが啓示ということばによって伝えようとしていることがわかるはずであるとは言えない。われわれは律法を預言者の心をもって読まなければならず、また預言者をイエスの目をもって見なければならない。われわれはパウロとともに十字架の物語に想いをひそめ、パウロを教会における聖霊の導きによって読むのでなければ、聖書の中に啓示を見いだすことはできない。事件の起こった順序にしたがって書かれている歴史を、われわれの歴史を通して逆向きに読むのでなければその歴史を啓示として理解することはできない。明らかにわれわれはここで、律法と福音とか、文字と霊といった議論で現われる、教会に古くからある問題に直面しているのである。教会が啓示というとき、それは単に聖書のことを言っているのではないことは明らかであり、教会史の文脈の中で、教会史の視点から読まれる限りでの聖書を指していることが明らかである。聖書は、その文字を生み出した共同体が持っていたのと同じ背景を持つ者によって読まれるときにのみ、あるいは聖書が記録している共同の生に参加している人々によって読まれるときにのみ、神をさし示し、また神は聖書を通して人々にみ顔を向けられるのである。聖書はわれわれの歴史が保存される外的な形式であり、われわれの共同体の歴史は、純粋に自然的な共同体の歴史が自然の中に記録されているような具合には自然の中のどこにもその記録が見いだせないゆえにわれわれの共同体にとって不可欠のものである、という点で聖書が自然と異なっているということについては疑いをいれない。しかし、自然と同様、聖書も多くの違った文脈の中で読まれうるし、それによって違ったことを意味しうるのである。国家主義的な共同体の中に持ちこまれた場合には、聖書はイエス・キリストの父をさし示さず、血と土地と部族の氏神をさし示すであろう。民主主義的な社会の歴史と思い出に心を奪われている人々によって読まれたときには、本質的に善なる神ではなく、本質的に価値ある個人を指し示し、聖書を通して聞かれることばは、自己と罪への隷属からの自由ではなく、政治的経済的桎梏からの自由についてのことばである。プロテスタンティズムにおいてわれわれは永く聖書をさし示すことによって啓示を説明しようとしてきた。しかしながらわれわれは、人々が聖書を読むことによって神のことばを聞こうとする共同体の中でそれを解釈しない限り、あるいは、聖書が記録しているものと同じ精神の歴史に参加しようとしている共同体の中でそれを解釈しない限り、聖書によって啓示を説明することができないことを発見した。新約聖書批判の最近の動向、様式史研究はこのことを特に強調している。つまり、この書物は教会の生活の中からでき上がったものであって、史的イエスと言われる人物についても、彼を愛し礼拝した共同体の歴史を通して、またその歴史とともに見るのでなければ知ることはできないということである。いかなる感覚の対象もそれがわれわれに感じとられる感覚の質を離れては知りようがないのと同じく、史的イエスにしても、それが現われる歴史を離れては知られてもいないし、知りようもない。

われわれの歴史的情況を回避したり歴史的視点を放棄しようとする道がすべてふさがれていることを理解するとき、われわれはあらゆる時代の個人主義者とともに、内的宗教体験によってわれわれの言わんとするところを直接に説明しようとする誘惑にかられることもあるであろう。われわれが神とか啓示とか言うとき、それはわれわれの道徳意識において基本的と考えられるものの中での私的、個人的、内的な生において起こる事件のことであると言えないであろうか。しかし、ここでもふたたびわれわれは幻や畏怖《ヌミノーゼ》の感情、実在の感覚、義務や価値の知識等がいろいろに解釈されるものを見いだすのである。われわれは内的な光について語るときにも、その性格を社会的な用語によって定義することなしには、つまり、われわれの歴史から出た用語によって定義することなしには、他の人々に対してはなんの意味も持たない単なる音声を発することに終わってしまうのである。内面的「真の」種子や、「義しい」霊が偽りの種子や悪しき霊から区別されるには、純粋に個人的なものでも伝記的なものでもない基準によるほかはない。われわれは内なる「キリスト」との関連で内なる光と精神的な鬼火（人をまどわすもの）とを区別する。しかし「キリスト」ということばはわれわれの社会史からきたことばであり、その意味は個人的な体験からひき出されるのではない。宗教的経験や道徳感情はさまざまの情況において見いだされるし、多くの視点から解釈される。畏怖の感覚にしても礼拝における奇妙な行為に伴って現われるものである。そしてそれはキリスト教において感じられるよりも、異教の神に対して人身御供が捧げられるときのほうがはるかに強く感じられるであろう。強度の道徳的献身や深刻な義務感は、今日、多くの人々を家族の神々ないしは氏族の神々に向けしめる。人間の心の中にある礼拝と献身への払拭し難い傾向が何を意味するのか、誤った傾向と正しい傾向とを見分けるにはどうするか、またいかにして誤ったものが阻止されるかなどの問題は、歴史をもった共同体で経験され、訓練されることによる以外には解決されない。道徳的命令に対する従順や礼拝、祈りなどはキリスト教会では不可欠であり、不可避である。それらは神のことばを聞くことから分離することはできない。しかしそれらが何を意味するか、いかなる内容を持たねばならないか、またいかなる目標のためになされなければならないかなどの問いは、死に至るまでの従順、歴史を通して与えられた命令、ゲッセマネや山上における主の祈り、至聖所が空虚であった神殿における礼拝などの記憶との関連を抜きにしては答えられない。宗教的、道徳的経験は常になんらかの歴史の中に、また、過去に由来するなんらかの社会情況の中にある。われわれが言わんとすることをわれわれの歴史を用いないで述べる道はここでもわれわれに与えられていないのである。

こうした必然性はキリスト教会におけるつまずきの源であり、教会にとっても現時点では秘儀である。そのように生き、また考えるということは、十九世紀もの昔に測定された緯度や経度を用い、演算不可能な対数と偏差が著しいことで悪名高い良心という方向儀を用いてわれわれの位置を算定するということ、つまり死んだ計算方法に頼って世界という大洋、大空を航行することに等しいと思われる。乗務員の中から反対が起こってくる。それは他の船舶がその位置と進路を測定するのに、より科学的な器具を持っていると主張しているからだけでなく、その上に、啓示がもし神の啓示であるならば、それは北極星よりも確固不動のものでなければならず、われわれが歴史の風の流れを計測することによって得るよりもより精密な何ものかを提供しなければならないと考えたことからくる反対である。

たといもし啓示が神を意味するとしても、それは歴史を意味することはできない、と教会内でわれわれはみずからに言いきかさなければならない。われわれがある歴史的視点に立って見るものと、その視点に立ちながら信ずることとはまったく違ったものであるに違いない。歴史において見られるものは普遍的、絶対的で他に依存しない存在の源や目標ではなく、不偏不党の正義でも無限の慈愛でもない。反対に、個別的なもの、有限なもの、過ぎゆく意見、たわむれ、恣意、偶然、残酷さが見られるのである。さらには王座に悪があって断頭台に正義があげられるのを見る。歴史的啓示という福音書記者の主張は彼らの信仰とまったく矛盾しているように思われる。彼らが義なる神について語るとき彼らがさし示すのは、きわめて不公平な歴史の流れであって、特定の時代と場所に生を受けた人々のみが神への信仰を受けるのであって、それ以前の時代に生きた人々、あるいは異なった歴史を持つ文化の中に生きる人々は、彼らの精神の健康といのちのために知っていなければならないことについて無知でいるように運命づけられているのである。

さらに、啓示は自然と神とを意味することができないのと同じく、歴史と神とを同時に意味することもできない。キリスト教の啓示が引きあいに出す歴史上の事件は、自然と同様に、科学的、客観的、傍観者的視点からも観察しうる。そのように観察されるとき、その事件は他の事件よりも大きな価値を持っていない。それは文化的、地理的、経済的、政治的文脈における原因結果の関連において研究されうる。そのとき、ラプラースが彼の天文学において神の行為の仮説を少しも必要としなかったように、科学者もその仮説を必要としないであろう。イエスの誕生とそれにまつわる伝説、山上の説教、奇跡とたとえ話、十字架と復活の物語、聖礼典の制定――これらはすべてのユダヤ教とヘレニズムの歴史の中、あるいは宗教、哲学、政治、経済などの動きの中の一連の事件の中に位置づけうる。そのような歴史叙述はせいぜい個別性のカテゴリーを用いて一つ一つの事件のユニークさや、一般的原理が具体化される過程の特殊さを指摘することができるだけである。しかしそのようなユニークさはすべての事件の性格であって、その点ではユニークなイエスはユニークなソクラテス、ユニークなヒトラーとなんの変わりもない。客観的歴史はその方法と視点を否定することなしには、イエスの生涯を考察するのに、他の個々の事件に対してする考察とは異なった考察をするように要求することはできない。それはただ、今一つのユニークな事実――教会と西洋文化とはイエスに大きな宗教的意味を付与してきたという事実――を記録することができるだけである。あるいはまたさらにこの新しい一個の事件を人間性のなんらかの一般的傾向、およびキリスト教時代の第一世紀、およびその後におけるその傾向のユニークな顕現との関連で論述することもできるかもしれない。

したがってもし啓示が歴史を意味するならば、ある人々がある事件に超越的価値を認めた、という純粋に事実的かつ完全に不透明不明瞭な意味あいでしか、信仰の対象を意味しえないということになりそうである。

キリスト教会に対して第三の問題が提起される。もし啓示が歴史を意味するならば、啓示信仰とは過去に、ある神的な事件が起こったことに対する信仰《ビリーフ》と同じことになるのではないか。そしてそれは生ける神に対する信仰《フェイス》を実際的に否定することになるではないか、ということである。教会における歴史の強調は、たびたび敬虔かつ善意の人々の反抗を招いてきた。彼らにとっては神は「昔々ある所で」と語られるのでなく、「今ここで」の神であり、信仰とは歴史的事件が現実に起こったという信念ではなく、愛の揺らぐことのない支配意志に対する信頼なのである。ただ、今、神に信頼すること、神の現在の命令に従おうとすること、現代の悪との戦いなどから、彼らはキリスト教信仰と歴史的信仰とを等置することを拒否し、現代の道徳的誡命を古代のユダヤ人やパウロの教会に与えられた戒律と同定することに対して反抗したのであった。彼らは罪の赦しを現在の経験ではなく過去の法的行為とすることを拒み、聖霊の現在の現実性のほうが初代教会のペンテコステの奇跡よりも重要であると執拗に主張した。現在の主、現在の生命のきみとの交わりを求めるこのような生命的信仰は、歴史的骨董趣味に対しては、赦しも道徳的従順も未来における可能性でしかなく、現代的妥当性を持たないとする未来主義に対する場合と同様、反逆せざるをえないのである。

歴史における啓示はほかにも困難がある。予定と自由、永遠と時間、進歩と退歩等、またこのほかにも多くの問題が歴史的信仰のディレンマに悩むキリスト者の頭に押し寄せてくる。彼は歴史的存在者として語らなければならず、教会も常に歴史的用語で考えてきたという事実は承認するが、しかし信仰と歴史の関係に彼は困惑させられるのである。

こうした情況の中で襲ってくる当惑から、現代のキリスト者は、教会の多くの先達と同じように、歴史を振り捨てて信仰に固着し、史的イエスをあきらめて信仰のキリストに改めて忠誠を誓っていこうとする誘惑にかられることがしばしばである。しかし信仰とは不思議なものである。それは自己充足的ではなく、単独では立ってゆかない。それは目のようなものであって、片方だけでは物事の奥行きや距離、立体性などは知覚できない。あるいはまた、あらゆる生き物の中からふさわしい助け手を求めて、エヴァが対話の相手として与えられるまで、生殖にも思考にも不毛であったアダムのようなものである。キリスト教信仰はほかにも多くの協同者《パートナー》を経験してきて、それらはキリスト教的歴史の中で教育されたものでなければ信仰とともに神について語り合うことはできないことに気づいてきた。それらの協同者の中には普遍的言語を語るものは一つもない。ガリラヤなまりを話さなくとも、この無限に広い世界の中でガリラヤよりも広いとは言えない地方がその地方の流儀に従ってつくりあげた声と精神とを持つ協同者なのである。哲学はそれがどのような哲学であれ、宗教と同じく歴史的であるが、それがユダヤ教的、キリスト教的記憶で満たされた精神で語る限りで信仰の生をともに歩み、これを強めることができる。教会はデカルト、スピノザ、ロック、バークレイ、カントらと敵対しない。しかしその時、これらの哲学者が叙述しようとする神は彼らの概念体系が定義する神以上の神である。ジルソン教授やA・E・テイラーが最近われわれの注意をうながしたように、現代哲学者の神は常に彼らの哲学の神以上のものである。神が神についての彼らの思想以上のものを意味しないとすれば、彼らの思想において神は大して意味を持ちえないのである。神は常に歴史の神であったしアブラハム、イサク、ヤコブの神であり、イエス・キリストの父であって、ただ抽象的思想の神であるだけではなかった。

キリスト教信仰は、ほかにどのような協同者を選ぶとしても、歴史との協同関係からのがれることはできないということは依然として真理である。信仰は歴史とつれ添わされたのであって、歴史に忠誠を誓わなければならない。この結合は自然科学における理性と感覚経験との結合と同じく破ることはできない。しかしそれが真実であるとしても疑問は残る。どうしてそれは真実であるのだろうか。どのようにして啓示は歴史と神の両方を意味することができるのであろうか。

第二節　体験された歴史と観察された歴史

われわれが啓示について語るときに指摘する歴史は、特別な関心を持たない傍観者も見ることのできる事件の連続ではなく、われわれ自身の歴史であるという事実を考慮することによって歴史と信仰の問題の解決に向かって前進できるであろう。安全な距離を保って他人の生に起こってくる出来事をながめることと、自分自身の運命の筋道に思いを沈め、自分自身の存在の理由、由来、行方を思うこととはまったく別のことである。かつては盲目であったが目が見えるようになった人についてふた通りの歴史が書かれうる。一つは科学的病症歴であって、彼の視神経や水晶体レンズに起こったことを記述したり、医師がどのような技術を用い、どのような薬を用いて治療を行なったか、患者はどのような経過で全快したかなどを叙述するものである。他方、自叙伝はこれらのことにはわずかに言及するのみで、自己《セルフ》に対して起こったこと、つまりかつては暗闇の中に生きていたが今や木立、日の出、子供たちの顔、友の目を見ることができるようになったことなどを語る。これら二つの歴史、外的歴史と内的歴史、体内の細胞に起こったことの物語と自己に対して起こったことの物語とのどちらが啓示の比喩となるであろうか。キリスト教会内で啓示について語るとき、われわれの言及する歴史はわれわれの歴史、自己《セルフ》の歴史、あるいは経験され内側から理解された歴史である。

われわれの歴史と非人格的時間内の事件との区別、あるいは経験された歴史と外側から考察された歴史との区別は、一つの社会的事件に対する並行した記録を対照することによって例示できる。リンカーンのゲティスバーグ演説は歴史をもって始まる。「八七年前（Four-scores and seven years ago）われわれの父祖たちは自由の精神にはぐくまれ、すべての人は平等につくられているという信条に献げられた新しい国家をこの大陸に打ち建てました」。同じ事件がケンブリッジ近代史の中に次のように記述されている。

「一七七六年七月四日、議会は決議して植民地を独立の共同体としたが、同時に広く知られている独立宣言をも宣布した。この宣言を抽象的政治理論の主張としてのみ見ればこれを批判し、無意味なものときめつけることは容易である。宣言は漠然としていて実際には何の役にも立たない命題を以て始まる。人間平等の原則は特殊な情況との関連において限定され条件がつけられない限り役に立たないものであり、そうでなければ不毛な陳腐常套語であるか欺瞞でしかない。」

これら二つの叙述の間の著しい不一致は単に情熱の相違によるものと説明されるかもしれない。愛国者の盲目的献身が科学的歴史家の批判的洞察と冷静な判断と対立しているということになるのかもしれない。しかしくい違いはさらに深くまで及んでいる。両者が解説する事物が大きく違っているがゆえに情熱の相違も深いのである。「議会」と「われわれの父祖たち」とはまったく別の実体である。

父祖たちがその生命、財産、神聖な名誉を献げた命題、その子孫たちにとっても献身の対象となるはずの命題、つまり人間はすべて平等につくられているという命題は、漠然とした無用かつ不毛の陳腐常套語や欺瞞などが属する秩序とはまったく異なった概念の秩序に属するものと考えられる。たとえ、これらの語句が窮極的には同一の実体をさしているものとしても、その実体はおのおの異なった局面を見られ、異なった文脈の中で知覚されたのであろう。さらにまた、外的歴史家の用いる用語が政治家《ステイツマン》の用いる用語よりも事物そのもの(things-in-themselves)をより真実に描写するということもなく、実際に起こったことを理解するのにも外的歴史家のほうが政治家よりも正確であるとも言えないことははっきりしていると考えて良いであろう。一方では歴史の事件が外側から観察され、他方においてはそれが内側から見られているのである。リンカーンはわれわれの歴史において何が起こったのか、何がわれわれを創り、形成したのか、またわれわれがアメリカ人として存続する限り何に対して忠実であるべきかなどについて語っている。彼はわれわれの不滅の過去の底流をなす目的、したがって、われわれの現在の生の目的について語っている。彼は生命ある存在の歴史を叙述したのであって死んだものについてのデータを記述したのではなかった。それは批判的歴史であるがその著者の批判は一般的命題に向けられているのでなく、みずからを評価し、またそれらの一般的命題によって評価される人々に向けられている。批判は道徳的な種類のものであって、自己とその共同体に向けられている。他方の叙述では生きた自己、決意と忠誠献身、希望と不安を持つ自己が抽象されている。人人に対しての批判があるのではなく、物事に対する批判を持っている。つまり、記録や命題がその対象となっているのである。そこに叙述される事件は非人格的時間の中で起こったことであり、人々の記憶の中よりも書物や記念碑に記録されているものである。

アメリカ史からの例と同様の例はほかのあらゆる共同体の歴史の中にも見いだされるであろう。ペリクレスの弔辞は記憶に訴えている。帝国は「自分の義務の何であるかを知っていた人々……そして万一計画に失敗したときにも彼らの徳が彼らの国にとって不名誉になることを潔しとせず、自分の生命を惜しげもなく、国の祝宴にさし出しうる最も美しい献げ物として与えた人々によって確立された」という。しかしこれと並行した、帝国の興隆に関する外的な叙述は数多く見いだされるであろう。イスラエルの幼年時代に関するホセアの記述も詩篇記者の「われらが聴き、知り、父祖たちが語り聴かせたこと」に関する記述も、初期セム族の部族生活の民族的記述に対応記事がある。シェイクスピアが「王たちのこの玉座、この帝王たる島……かの高貴なる魂の国、この高貴なる国、いとしい国」にまつわる記憶をよび起こしていることについても、バークが神の導きの手を見るという伝統への敬虔な畏敬も、大英帝国の興隆の冷静で余裕のある記述の中に並行したものを見いだすことができるであろう。この二つのタイプの歴史を区別するのに真偽という価値判断をあてるのは不適当である。見方の相違に関連して区別がなされるべきである。記憶に訴えるにも真実な場合と偽りの場合とがあり、外的記述にも真実のものと偽りのものとがあるのであって、没批判的な独断主義のみが、真理の認識はどちらか一方の視点の特権であると断言するにすぎない。事件は外側からそれに関係を持たない観察者によって考察されることもあるであろう。そのとき、その事件は事物の歴史に属している。また、個人や共同体の運命の一環として内側から理解される場合もあるだろう。そのとき、この事件は生存時《ライフタイム》に属し、決意の献身を内に秘めている人格の文脈の中で解釈されなければならない。

これらの例によって示されている事物の外的歴史と自己の内的歴史との相違は、啓示と歴史との関係を理解しようとするわれわれの努力の準備として、さらに詳しく分析されなければならない。まず初めに、外的歴史の史料はすべて非人格的なものであることは明瞭である。つまり観念、利害関心、事物間の動きなどである。たとい外的歴史が人間個人を取り上げる場合でも、それを非人格的諸部分に還元してしまう。この視点からは、イエスも倫理や終末論の諸観念や心理学的、生物学的諸要素の複合体とされてしまう。ほかの人々についても同様である。そうした非人格的要素の中に有効な要因を求めることも許されるであろう。しかしその判定は、たとえばマルクス主義歴史家が歴史の動因として経済的要素を選んだり、主知主義者が人の心の中の観念を考えたりするときのように、客観的視点を放棄する危険をはらんでいる。他方、内的歴史は羅列されたり、連続的に並べられた事物の物語ではない。それは人格的性格を持っている。ここでは最終的史料は、つかまえどころのない物質の原子や思想ではなく、同様につかまえにくい自己である。この歴史において重要なものとは、ソクラテスが考え、他人に伝えた頭の中の観念ではなく、ソクラテスの精神、「内なる栄光の満ちみちたもの」、「全時代を通じて最も義しい男」の精神である。外的歴史ではわれわれは客体を扱い、内的歴史においてわれわれの関心は主体にある。アレクザンダー教授の分類を用いれば、前者においては史料は過去分詞の形で与えられる。つまり、信じられたこと、感じられたこと、思われたことなどである。しかし後者にあっては現在分詞形である。つまり、知ること、意志すること、信ずること、感ずることなどである。あるいはマルティン・ブーバーの言っているように、外的歴史においてはすべての関係は「我」と「それ」の間のものであり、内的歴史においては「我」と「汝」の関係である。さらに言えば、「我―それ」関係における「我」は「我―汝」関係における自己とは異なっている。批判的観念論者にならって、外的歴史においては出来事を知覚し解釈するのに、個別性のカテゴリーを用いなければならないが、内的歴史にあっては生起する事柄を認識し理解するためには、人格性のカテゴリーを用いなければならない、と言うこともできよう。われわれの歴史ではすべての事件は非人格的物体に対して起こるのではなく、他の自己と共同体を形成している自己に対して起こるのであり、またそのように理解されなければならない。批判的観念論者の流儀にならって、われわれは外的歴史を純粋理性の領域とし、内的歴史を純粋実践理性の領域として区別してよいであろう。ただし、カント的理性は十八世紀に考えられていたのとは違って、はるかに歴史的なものとして理解されなければならない。十八世紀には純粋理性も実践理性もどちらも社会的、歴史的に規定されているということは考えられていなかったのである。

われわれは外的歴史と内的歴史とを区別するのに批判的観念論ではなく、批判的実在論《リアリズム》の方法を用いることもできる。実在論《リアリズム》的観点からは、われわれは外的歴史において、生起したことを、単に第二義的なもの、主観的なもの、党派的記録などから抽出することに関心を向ける。われわれは個々の事件の根本的な性格を描きだそうとする。その根本的性格とは、目撃者の報告、同時代の記録、「感覚の不変の可能性」、恒久的な慣例、精神の不断の活動、知覚者の経験に動員される意志などから定義されるものである。他方、内的歴史においては外的歴史における根本的要素、第二義的要素に関心を寄せるのでなく、「第三の特質」、価値に注目する。それは第二義的要素のように私的でうつろいやすいものではなく、自己の共同体にあって共通のもの、検証可能なものである。ただしそれは外的知覚作用による根本的特質が客観的と言われるような意味では客観的ではない。ここで注意しなければならないことは、批判的実在論《リアリズム》は批判的観念論と同様、非歴史的思考法をとる自然科学、特に数学との歴史的連携によって制約されているので、歴史的思考の領域で利用されるに当たっては前もって概念の調整を行なわなければならない。ここでは、すべての批判的哲学にみられる外的世界に関する知識と内的世界に関する知識との区別、この区別は最も教条的な実証主義者をして、倫理と宗教とは客観的知識が問題とされる領域とは異なった領域に属すると言わしめるものであるが、この区別が歴史の理解においてもなされなければならないことを指摘すればたりる。歴史の知識には叙述的なものと規範的なものとがあり、どちらも他方の語法に還元できないものである。

この区別はそれぞれの文脈の中で用いられる価値、時間および人間の共同体に関する概念の区別に注目することによって、より明瞭になるであろう。

外的歴史にあっては価値は作用力ないし勢力を意味する。客観的歴史家は事件や要因の重要さを、事件の系列内における他の事件や要因に対する影響によって測らなければならない。その歴史家自身も自己であり、共同体の中に生き、自分の運命を持つ。したがって道徳的視点から完全に脱却することはできないにもかかわらず、科学的歴史家として、彼自身の価値判断はできるだけおさえなければならない。彼自身からみて最も貴いものではなく、最も影響力を持つものを最も十分に扱わなければならない。その結果、たとい自己としての歴史家自身が力による勝利よりも殉教の道理に従うことを選んだとしても、彼の記述においてはアレクサンダー大王のほうがソクラテスよりも大きな位置を占めることになる。また歴史家自身としては私有財産制を拒否し、半修道僧的生活をしている人であっても、アメリカ憲法の形成における経済的動機は道徳的理想よりもはるかに多くの関心が払われなければならない。不偏不党の観察者として諸事件を見すえながら、彼は好悪の感情から出る反応をすべて抑制し、人物や事件の重要性を決定するのに、程度の問題はさておき、勢力の定量的測定を行なおうと努めるのである。

他方、内的歴史においては価値は自己にとっての精神的道徳的意義を意味する。その点で評価されないものはすべて重要なものではなく記憶から脱落してゆく。ここでは、ソクラテスの死、リンカーンの誕生、ペテロの殉教、ルターの改革、ウェスレイの回心、ピルグリム・ファーザーズの上陸、マグナ・カルタの勅認などが祝賀されるべき事件である。この歴史は喜びや悲しみを呼び起こし、決意を新たにし、悔改めをなす日を制定し、ともに楽しんだり、ともに祝祭を祝ったりする日を制定する。ここで価値あるものは自己の運命にかかわりあるものである。最も勢力あるもの、最も重要なものではなく、「我」や「汝」の生に対して最も剴切《レリヴァンス》なるものである。価値とは質であって力ではない。しかし、価値ありとされたものの質は自己《セルフ》にしか認識できないものである。この歴史の文脈の中ではわれわれは自分の欲望でさえもその意義を強さによってではなく、その欲望が持つ自己の運命に対する剴切《がいせつ》さによって測る。

時間についても価値の場合と同様である。われわれの内的歴史にあっては、時間は外的時間とは異なった感触、異なった質を持っている。われわれは外的時間を顕教的《エクソテリック》歴史家として扱う。外的時間は物理学における時間と似ている。物理学は普通の人の時間、つまり人がそれぞれ生きている地方で流通している「現実の」貨幣と同じように価額を有する時間を知っている。物理学はまたみずからの相対性を知っている知的奥行き《ソフィスティケイテド》のある時間をも知っている。つまり外的歴史においては、王朝の年号、天地創造以来の年数の計算、キリスト以前、以後の年数を計算する素朴な年代記記者の時間があり、あるいは文化哲学のこみいった方法で時間を考えたりもする。しかしこれらの時間概念にはすべてに共通したことが一つある。つまり量的であるということである。これらの時間はすべて数えられる。この時間は常に直線的連続的である。その連続においては過去のこととはすでにすぎ去ってしまったことであり、未来はいまだ存在しないもののことである。一方、内的歴史においては時間は持続《デュレイション》である。過去は過ぎ去ったものではない。それは記憶としてわれわれの内にとどまっているものである。未来のことも存在しないものではなく、可能性として現在のわれわれのうちにある。ここでは時間とは有機的であり、あるいは社会的である。したがって過去と未来とは現在において互いに共存する。われわれの歴史における時間は、われわれの住む外的な空間の世界の今一つの次元ではなく、われわれの生の一次元、われわれの共同体の存在の一つの次元である。われわれが時間の中にいるというのではなく、時間がわれわれのうちにあるのである。それは時空の統一において空間と共存しているというのではなく、生存時の連続性において生命と不可分離的なのである。われわれは時間を正確な数字によって語らず、リンカーンとともに詩句のように“Four scores and seven years ago”と言い、八七という数字でなく、われわれの記憶された過去を語るのである。卑近な例をとれば、うわさ話でするように生活や死、王たちの戦争をわれわれ自身の歴史における衝撃や喜びと相関させるのである。そのような歴史は数字ではなく生きたものであって、意識の流れ、感情の横溢であり、思想や意志である。それは惑星や太陽の周期運動による時間や年数によっては測れない。生存時の衰頽と充溢、脈動と狂瀾怒濤、生存時の誕生と死と復活などは月のみちかけや原子の周期運動によっては測定不可能である。もしそれらが測定されなければならないとしたら、今一つの内的な隆替現象との比較によって測定されなければならない。われわれの歴史では心の死を傾く太陽と相関させることはしないし、その再生を自然現象としての春のおとずれと相関させることもせず、神の子の十字架刑と新しき生命への復活と相関させるのである。

人間の交わりも外的視点から考慮される場合と内的視点から考慮するのとでは違ってくる。外的に認識しようとする人は社会は外的絆によって関係を保っている原子的個人によって成立しているものと見る。しかしそこでは人間個人も非人格的なものとされる。人間は心理学的、生物学的諸要素の複合体として理解されるからである。外的に知ろうとする人の目には社会は利害、衝動、本能、信仰、慣習、法律、憲法、発明、地理や気候に関するデータなどの広範にわたるこみいった組織であるが、批判的かつ勤勉に調査することによって認識可能な構造や社会関係の生きたパターンを発見しうるのである。他方、内的歴史においては、社会は自己の共同体である。そこではわれわれは他の自己の間で生きるだけでなく、他の自己がわれわれの内に生き、われわれが他の自己の内に生きる。ここでは社会関係は外的でなく内的であり、そのためわれわれがわれわれの関係であって、われわれは互いに他の自己の構成員となることなしには自己ではありえない。この共同体内に抗争があるときにはわれわれのうちに抗争と痛みとがあり、共同体が平和であるということはわれわれの内に平和があるということである。そこでは社会的記憶は書物にしるされ、図書館に保存されるものではなく、われわれ自身の過去——もちろん、書物や記念碑などの媒介を全然持たないというのではないが——すべての自己の内に生きているもののことである。われわれがそのような自己の共同体の構成員となるときには、われわれはその共同体の過去をわれわれ自身の過去として襲因《アドプト》し、それによってわれわれは現在の存在を変えられるのである。移民とその子供たちはそれをしており、彼らにとってピルグリム・ファーザーズは真の父祖となり、革命を起こしたピューリタンたちは彼ら自身の解放者となる。キリスト者共同体においてもイスラエルの預言者がわれわれの預言者となり、初代の弟子たちの主がわれわれの主として確認されるとき、われわれも同じことをしているのである。肉によること——つまり外的にみられること——でなく、霊によること——自己としての われわれ自身の生の 一部となったもの——がこの内的視点にとっては重要なことである。われわれの歴史においては交わりは共同体を意味し、自然という共通の世界を共有するのと同じく、共通の記憶、共通の希望への個々の生きた自己の参与を意味する。

このように内的に歴史を語ることとは、科学者とともに考えるということではなく、詩人とともに考えようとすることであるとも言えるであろう。そしてそれがわれわれの言おうとするところである。詩人は人格について、目的について、そして運命について考えるからである。非人格的範型《パターン》の中にはいらないもの、数えられないものなどを排除してしまう哲学においては詩人のとりあげるヨブやハムレットは、夢想だにされない。劇文学や叙事詩も範型《パターン》を措定する。しかしそれは人格関係の範型である。したがってわれわれは内的歴史を劇的と呼び、その真理を劇的真理と呼んでよいであろう。もちろんここで劇とは虚構を意味するのではない。

二つの歴史を区別することの啓示の問題に対する剴切さはこれで明瞭になったであろう。新約聖書の福音書記者やその後継者たちが、彼らの信仰および世界理解の出発点として歴史をさし示したとき、彼らが指摘したのは内的歴史であって、彼らは非人格的に知覚された事件については語らず、彼らの共同体において彼らに起こったことを語ったのである。彼らは自分たちをささえていた真の自己であるかたを知り、それによって自分自身を新しい角度から自覚するようになった、あの彼ら自身の生存時における決定的な時点を想い起こしているのである。彼らは過ぎ去ったものではなく、記憶として存続し、彼らの存在を構成している過去に目を向けていた。後代の教会にとっても同様であり、歴史は常に「われらの父祖たち」、「われらの主」、「われらの神」の行為についての物語であった。

キリスト教が歴史から霊感を得てきたことは確かである。しかしその歴史は傍観者によってながめられるものではない。キリスト教は常に主体的事件、つまり主体の生における事件に帰っていく。そのような歴史的回顧を神秘主義者の私的な歴史から区別するのは、それが共同体によって、また共同体の中で記憶されている共同体の事件に帰ってゆくことである。ここでは主体性《サブジェクティヴィティ》は孤立、検証不可能性、表現しよう《インエファビリティ》のないことなどと同義ではない。われわれの歴史は伝達可能であり、人々は共同の生において彼らに起こったことについての記憶を互いに批判しあうこともできるし、記憶を新たにすることもできる。また共通の過去の基盤の上に共通の未来をともに考えることもできるのである。

明らかに、そのような歴史は共同体によって告白されるほかない。その意味でこの歴史は密教的《エソテリック》である。自己の生における歴史的事件を外的な視点に立つだれにでも見えるものとしてさし示すことはできない。イザヤはウジヤ王の死んだ年に神が神殿の中に姿を現わされたと言うことはできないし、パウロもダマスコの道で主イエスが旅人に現われると確言することはできない。またいかにイザヤやパウロに注意を集中してみても、また彼らの置かれた歴史的情況をどれほど細かく理解してみても、外的観察者は彼らの見たものが何であるかを知ることはできない。人は彼らを見つめることによってではなく、彼らとともに見ることによって彼らの見た幻を検証しなければならない。もし彼らのとらえたものをとらえたいと願う人があるなら、その人は彼らの歴史を考察することによるのではなく、彼らの歴史に参加することによってそうしなければならない。内的生の歴史は他の自己との共同体において彼らに起こったことを語る自己によって告白されるほかはないのである。

第三節　われわれの歴史における信仰

歴史を純粋理性によって知られるものと実践理性によって把握されるものとの二つに分類することは、処理しなければならない困難な問題を新たにひき起こすにせよ、「啓示」ということばがいかにして歴史を指示しながらしかも同時に神をも指示しうるのかを理解することの助けとなる。これまで見てきたとおり、啓示ということばで考えられる歴史が、非人格的な目や心のとらえうる事件の連鎖である場合には神を指示することはできない。そのような歴史は人間の自己が抽象されており、神の《ディヴァ》自己《イン・セルフ》をも事件から抽象せざるをえず、さらにはそれは、あることが起こったということを信ずる契機を与えることはできても、生ける神への信頼をよび起こすことはできないからである。

キリスト者共同体においてくり返しなされ、歴史的信仰を理解し、広めるのに多くの障害をひき起こした誤りは、啓示を外的歴史の中ないしは非参与者の視点からも認識できる歴史の中に位置づけようとしたことであった。その結果は啓示がなんらかの奇跡、ひとりの人間の奇跡的行為、奇跡的生涯、イスラエルとか教会といった共同体の奇跡的生命等の奇跡と同定されることになった。こうして、外的歴史の中のある事件が聖なるものとして分離されたり、一つの共同体の聖なる歴史が他の社会集団の世俗的歴史と対立させられたりした。一般の世俗的歴史の中に聖なる事件が挿入され、二種類の事件の間に連続性はないとされる。聖なる歴史の諸事件は世俗的事件と同種の説明は受けないものとされる。所謂世俗的事件もそれに自己として参与している人々にとっては聖なる意味を持ち得るという可能性は考えられていないのである。

一般に所謂正統主義は聖書を啓示と同定し、これをまったく奇跡的なものとみなし、霊感の産物であって人間の思考の通常の経過を伴っていないこと、またそれが無謬の保証であるとしてきた。しかし、聖書が書かれたという奇跡を根拠あるものにするために歴史の中に他の奇跡も挿入されなければならなかった。類例も持たず完全に孤立した奇跡はどれだけ多くの驚きを呼び起こすことができても理解されることはないからである。そこで奇跡的聖書は、停止した太陽、処女より生まれた子、ひと言でぶどう酒に変えられた水などの自然の奇跡との関連で説明されることになった。さらには事件の発生を第二の目とでも言うべきもので超自然的に前もって言いあてるという預言の心理学的奇跡も聖書の奇跡性を根拠あるものにするために動員された。こうした議論が招来したものは、同一平面に二つの系統の現実――自然的、歴史的、理性的系統と超自然的、超歴史的、超理性的系統――が並置されるということであった。その二つは同一平面上にあり、同一の感覚器官によって認識され、同一の知性によって理解されるが、しかし両者の間には現実になんの関係もないのである。啓示は超自然的、超歴史的な現実の中に生起し、理性は事件の自然的継続の中で機能する。啓示の生起をみた歴史と、啓示の起こらなかった歴史との区別は、歴史をもっている人間や事物の中に持ちこまれた。自然的・超自然的な事象、個々人、人間集団がそこにあった。自然と超自然の差異は観察者の立場によるのではなく、視点は変えなくとも、観察されたものそのものにあるとされた。ここから歴史と信仰との衝突が起こったのである。世俗的文脈の中では聖なる事件も世俗的に理解されなければならないはずであるが、一連の事件の中の特定の事件に、他の事件を理解するための法則や原理をあてはめることをさし止めることを要求するのは、不可能なことを要求することであるか、すべての事件を理解不可能にしてしまうかのどちらかでしかない。キリスト教における自己防衛的、自画自賛的傾向が信仰とその歴史を通常の事件に適用される判断から除外しようとする努力をどれだけ生んできたか数えあげることは不可能である。しかし、世俗史から聖なる事件を分離しようとする試みが自然科学や社会科学と多くの不毛な議論をひき起こしただけでなく、内部でも摩擦や矛盾を生じさせたことにも注目しなければならない。なぜなら、それは神への信仰を奇跡《ミラクル》的事件が生起したという信念に置きかえることにより、多くの奇跡《ワンダー》の間の相対的重要さに関する議論が発展してきたからである。

外から純粋理性によって見られる歴史と内から実践理性によって見られる歴史という区別がなされ、同時にどちらか一方が排他的に妥当性を持つことを主張することが、否定されるということが承認されれば、われわれは信仰と歴史とが何故に提携することができるのか、場合によっては同盟しなければならないかを理解することができる。生きた自己の視点から生命の充溢としてとらえられる内的歴史は常に信仰の事柄である。人は生きる限り生をして生きる価値あらしめる何ものかを信じなければならない。何ものかへの信仰なしには人は存在できない。トルストイが『告白』の中で指摘しているように、有限なものの須臾であること、不毛であることに気づかない人は生きていく価値として有限なものを信ずるであろう。もし有限なものの価値を信じることができなくなれば、彼は無限なものを信ずるか死ぬかするであろう。実践的な生きた存在である人間は神あるいは神々なしには決して存在しない。人間には彼の行動の源泉かつ目標として、つまり価値の中心として依拠しなければならない何ものかがある。一般に人は多神教徒であって生の意味の源泉として、時にあれ、時にこれといった多くの物に価値を与えて生きている。イエスの神に向かって生きるときもあれば国のために生きるときもある。時にはイェール大学のために生きる。しかし多くの場合人は自分自身を神としたり、自分の手の造ったものを神としたり、個人個人の栄光や集団としての自分たち自身の栄光を求めたりして生きている。いずれの場合にも、人生は生きる価値ありという信仰と生の意味を特定の存在者に具体的に結びつけて考えることとは理性の活動としての人間存在の不可欠な一部分をなしている。この意味で人は理性的動物であると同時に、信仰の動物であるということも真理である。そのような信仰なしにも人は存在するかもしれない。しかし自己としてではない。理性的であるということが理解する対象を持つということであるのと同じく、自己としてあるということは生きる目標となるものを確実に持つということである。

人々が生きる目標とする神々ないし諸価値への信仰は、内的歴史における事件と切り離しえない。人格的生における事件に連続性を与えるのは神々である。国家にしても、その構成員の間に皆がともに帰って行ける中心、ともに生きる目標としているなんらかの善がある限り内的歴史を持つ。その中心となるものは平等とか民主主義といった、国民を共通の献身で結び合わせている抽象的価値であってもよいし、あるいはまたアテナとかブリタニア、コロンビアといった共同体そのものが擬人化されたものであってもよい。人は一つの価値に献身している限り、一つの内的歴史しか持たない。ほとんどの場合、人も共同体も単一の内的歴史を持つということはない。彼らの信仰は多様であり、生における諸事件は一つの連続した不変の善によっては説明がつかないからである。彼らは「唯一の自己を知るにはあまりに多くの自己を持っている」し、またあまりにも多くの歴史、あまりに多くの神々を持っている。公にされたり告白されたりしている歴史と並んで、彼ら自身が恥じいるような神々をめぐる内的生についての抑圧された、しかし真実の物語がある。唯一の信仰というものを持たない結果、自己および共同体の真の統一もなく、したがって統一的な内的歴史も持たず、記憶と運命の多様性のみがある。自己の存在と自己が生きる根源とする献身の対象とが不可分離的であるように、内的歴史と内的信仰とは一体である。

この関係は外的世界の存在に対する動物的信仰と経験のデータとの関係に似ている。生命と共にわれわれに与えられている打ちこわしがたい心理的強制によって、われわれは、われわれの見る樹木、われわれの歩む大地、われわれの触れたり使ったりする机や椅子、家屋、われわれの味わう食物や飲み物などの実在を信じている。われわれはこの実在が永続的であることに信頼しており、普通それによって恥をかくことはない。われわれの懐疑がいかに洗練されても、またそれらの構成要素をどこまで無限の世界につきつめていっても、そして自然の世界がわれわれの心の眼にいかにとらえがたいものになったとしても、われわれは、われわれの環境をなす永続する物質に頼り、それによって栄養を与えられ育てられてゆく。「自然」、つまり人間の本性《ネイチャー》は、ヒュームム自身も指摘しているように、懐疑の雲を吹き払うのに十分の力を持っている。信頼可能な外的世界に対する動物的信仰なくしては、われわれは文字どおり身体を持つ者として生きることはできない。なぜならば、もしわれわれが真実の懐疑論者であるならば、われわれは感覚のデータのみよりなる食物を食べ、実体のない空気を実在しない肺によって呼吸し、実在しない足で存在しない大地を空想上の目的地目ざして歩いている遍歴修業中の愚か者、ということになるであろう。信仰によって、つまり、われわれの環境の永続する要素に頼ることによって、われわれは身体を持って生き、頭脳を用いて共同の世界を考え出すことができる。しかし、われわれが行動や思想において頼れる要素がなんであれ、また感性の永遠の可能性がなんであれ、それをわれわれは経験の反復、それも共同の経験を通してしか認識しえない。客観的現実に対する動物的信仰の必要性はすべての経験に先行しているであろうが、われわれの世界にあるなにか特定の要素が頼りうるものであるとする具体的信仰は感覚経験によって可能となるまでは存在しない。信仰は経験と分かちがたく結びついている。しかし、信仰も感覚経験もどちらも他方の代理をすることはできない。同様に、価値の源泉ないし神に対する自己の信仰は自己の内的経験、彼らの歴史において彼らに対して起きることから分離することはできない。彼らはそれらの事件、つまり喜びと悲しみとが意味を持っているということを信ぜざるをえないが、しかし、その意味がなんであるかは内的歴史から離れては知ることはできない。神を信ずることの必要性は自己と生命とともに与えられている。しかしどの神々が信頼できるのか、どの神々が日々の生活においてあてにできるのか、どれが偶像——誤った想像の産物——であるのかなどの問題は、内的歴史における諸経験を通してしか知りえない。

信仰の立場、つまり神々ないし神に向かう自己の立場と実践理性の立場、つまり価値と運命とを持った自己の立場とは両立しがたいものではない。おそらく両者は同一のものであろう。自己であるということは神を持つということである。神を持つということは歴史を持つということ、つまり、もろもろの事件が結び合わされて、意味を持った範型《パターン》が作られるということである。一つの神を持つということは一つの歴史を持つことである。神と共同体内に生きる自己の歴史とは、不可分離的に統一された一体のものである。

第四節　内的歴史と外的歴史との関係

経験された歴史と外的傍観者によって観察された歴史との区別が妥当な区別であることを認めたとしても、また、二つの歴史のうち信仰および自己の生に対して緊密な関係を持つのはわれわれの運命に関する知識であるが、なお二つの歴史はそれぞれに妥当性を持つものであることを認めたとしても、その時にもなお二つの型の歴史の間の関係についての問いが必ず起こってくる。啓示はわれわれに対して起こった事件でわれわれの記憶の中に生きているものの中に求めなければならないことを理解したとしても、この歴史がどのようにわれわれの生の外的記述に関連づけられるのかと問うことをやめるわけにはいかない。啓示の意味についてより厳密な定義を下す前にこの問題を少しく取り扱わなければならない。

歴史の二局面理論は肉体と精神という二局面理論と同様、すべての認識活動が視点によって制約されていること、また理解の相違を存在そのものの相違に帰してしまえば問題を解決するよりも多くの問題を生じさせてしまうこと、さらに主観的真理と客観的真理との密接な関係はすべての極端な二元論の排斥を要請することなどを承認すれば必要性が認められるであろう。しかしこの理論が二元性における統一性の問題、統一性における二元性の問題を解決しないことは明らかである。それはパラドクスを新しい形で言い直したにすぎず、すべてのパラドクスはディレンマを脱却することではなく、単にそれを表現したものにすぎないからである。もちろん、パラドクスが正しく言い表わされ、虚偽の単純さを避けることが重要なのは当然である。啓示を内包する歴史とそれを包まない歴史との二元性が異なった集団ないし共同体の二元性に基づくものでないことを確認したとき、あるいはこの二元性がキリスト教史自身をも貫いていることを理解したとき、われわれのディレンマを正しく言い表わすことにいくらかの前進をしたと信ずる。われわれは啓示をわれわれ自身の歴史との関連においてしか語りえないのは何故か、しかもそのとき、その歴史が他の共同体の歴史の中でも現実であることを主張したり否定したりしないですむのは何故かなどを知ることが可能となる。そもそも、他の共同体の生の中にはいりこむことは、われわれが自分自身を捨て、自分の属する共同体を放棄することなしにはできないことなのである。二局面理論は、啓示が歴史の中にありながらしかも外的な観察者にも見うる奇跡的出来事と同定せずにすむのは何故か、またわれわれの歴史の中で啓示の出来事であり、われわれにとって確かさの不朽の源泉であることが同時に傍観者によって世俗的に分析されうるのは何故かを理解することを可能にしてくれる。それでもパラドクスは残る。それはキリスト教が常に抜け出ることのできない二世界論的思惟の今一つの形態であって、歴史について考えるときにもわれわれの信仰がすべての領域で直面するディレンマを回避できるなどと期待してはならない。此岸的なものであれ彼岸的なものであれ、一世界論的思惟は常にキリスト教をあざむき、その根本的確信事項を否定させることになってきた。形而上学や倫理学の場合と同じく歴史についてもそうなることはまちがいない。しかしいかにして二世界論的思惟を二神論に変質させないでおくかということは依然として信仰にとって重大な問題である。

このディレンマを思弁的に回避することはできない。つまり内的歴史を外的歴史に吸収させたり、あるいは両者に優る歴史的知識を得ようとして、主観的、客観的な両視点を超えた新しい完結性へと統合しようとすることはできない。われわれが傍観者的な事件の知識から始めれば参与者の認識にたどり着くことはできないのである。イエスの生涯の客観的研究からわれらの主キリストとしてのイエスの知識に至る連続的な道はない。自己の決断のみが、そして信仰の跳躍、回心、あるいは精神の革命のみが観察から参与へ、観察された歴史から経験された歴史へと導きうる。このことは他のあらゆる聖なる歴史における事件についても同様に真理である。

内的歴史と外的歴史の関係の問題は、二様に見える事件が実際にはそれ自身においてなんであるかを判断することによって解決されるとも考えられる。しかしながら事件そのもの（events-in-themselves）という観念は物自体（things-in-themselves）という観念と同じくきわめて困難なものである。事件の究極的な性質とは、それが孤立した状態における性質だけを言うのでなく、他のすべての事件との関連における性質でもある。つまりそれ自身において考えられるべきものでなく、総合的な視点から見られた性質なのである。純粋にあるがままの事件とは、一つの事件を見すえながらこの事件を同時に内的にも外的にも認識でき、それの孤立した状態においても他のあらゆる事件との関連においても同時に知ることのできる神にとってのものである。事件の性質に関するそのような知識は有限な視点の可能性を超えている。有限な身体の中に有限な心を持つ有限な魂である人間は二重の、それぞれに部分的な知識に限定されている。しかしその二重の知識は二重の現実に由来するものではない。

歴史的二元論に対する形而上学的ないし超歴史的な解決はないが、実践的な解決法はある。歴史的事件の二つの局面が神に対する事件(event-for-God)として究極的に関連づけられる筋道について語ることはできないが、その二つの局面がわれわれに対してどのような機能的関係を持っているかについては論ずることができる。そのような議論もやはり告白的になされなければならない。つまり一般的に人間としてしなければならないことを言明するのではなく、われわれの出発点である信仰を基盤としてキリスト者共同体内でわれわれがその必要性を見いだしたことについての言明としてなされなければならないのである。

第一に自己と共同体との運命に関する内的知識から出発しながらも、われわれについての他人による外的見解を受け入れること、そしてこの外的歴史を精神的意義を持つ事件とすることの必要性をわれわれはキリスト教会において理解してきた。他人がわれわれを見るようにわれわれ自身を見ること、あるいは他人がわれわれの生を外から観察するときにわれわれがどう見えるかを聞くことは道徳的経験をすることである。われわれ自身の外的歴史は、すべてそれがわれわれに伝えられたときに内的歴史における事件となる。マルクス主義者によって与えられた民主主義に対する外的見解が民主主義の内的歴史の事件となったのも一例である。民主主義はこの外的見解に対して防衛の姿勢もとりはしたが、自己批判と改革とをもって応えもした。キリスト教の外的歴史もその内的歴史における重要な事件となった。キリスト教信仰の起源についてのケルソスの解説および奇跡の超自然主義に対する批判、ギボン、フォイエルバッハ、カウツキーらのキリスト教理解、観念論的、実証主義的、ユダヤ教的、また宗教史的な各種の視点からなされたキリスト教研究など――これらはすべてキリスト教の内的歴史における事件である。教会はこれらに応答しなければならなかった。もちろん教会はこれらの外的な物語が教会についての唯一の真理でないことは知っていたが、教会はその一つ一つが何がしかの真理契機を持っていることを、あるときには喜んで、あるときには不承不承ながらも、遅かれ早かれ認めてきた。教会がこれらの事件、つまりこれらの教会に対する見解や批判を、イエス・キリストの神への信仰の助けによってその歴史の中に摂取した限りで、教会はそれらの中に神の審きを識別し、積極的な悔改めの機会としてきたのである。そのような外的歴史は教会が思い上がって、その内的生の神よりも内的生自身を関心の中心としたり信仰の基盤であると考えたりしないように手助けをしてきた。それらは教会をして信仰という宝の入れられた土の器であることを想い起こさせてきたのである。以上のような実践的な筋道において外的歴史は内的生と相入れないものであるどころか直接的にあずかって力あるものであったのである。

第二に、キリスト者共同体は、みずからの歴史における啓示の契機を記憶しているがゆえに、すべての事件を、われわれには外的視点からしか見ることができないものがほとんど全部であるとしても、それらをご自分を啓示される神の業として見ること、したがってつまり人々の生の中に、共同体の運命に関係ある限りで、敬虔に、また私心なく神の道《ウェイズ・オブ・ゴッド》を追跡することを要求されている。信仰に生きているキリスト者共同体は時間内のすべての事件を見わたし、そこに一なる精神、一なる意志の業を見いださなければならない。このことは、内的歴史の中に見いだされる神、あるいはむしろ内的歴史の中でみずからを啓示される神が、精神的生命であるのではなく、普遍的な神であることから、つまりみずからを啓示される事件を創るかたであるだけでなく、他のすべての出来事の創造者でもあることから、必要なこととされるのである。キリスト者共同体の立脚点は、歴史と信仰と罪の中にあって限定されている。しかしこの立脚点から見えるものは無限である。理性が感覚経験を通してしか自然に達しえないのと同じく、信仰も歴史的経験なしには神に達しえない。しかし理性が限られた経験から実在に関する認識可能な範型《パターン》を読みとることによって他のすべての経験における同様な範型の証拠を求めうるのと同様にして信仰も、それ自身の歴史において神的自己をとらえているゆえに、その神的自己の顕現を他のすべての事件の中に探し求めることができるし、またそうしなければならない。この方法により預言者たちは、神の啓示を捕囚からのイスラエルの解放という神の力ある業との関連でとらえたうえで、すべての国民の歴史の中に神の業のしるしを見いだしたのであった。キリスト者共同体は同じようにして、普遍的な神の限られた歴史における啓示から、あらゆる時代、あらゆる共同体のあらゆる事件に神の支配と摂理とを認めなければならない。このとき、それらの歴史はたしかに外から考察されなければならない。外から考察された事件においては人間の自己と神的自己との出会いは記録されないが、すべての第二義的原因や政治的社会的生の要素に対しては、それらすべてのものの根底に一なる神的自己があまねく臨在したもうことによる統一があることの確信によって接近しうるのである。外的歴史を奇跡的行為との関連で叙述することはできないが、しかし唯一の神の啓示は、すべての時代における事件の多様性に対して、統一性が発見できることへの確信をもって接近することを、たとえそれがどのように困難な探索であるとしても、可能なこととし、またそうすることを必要なこととしたのである。信仰が多数の神に向けられている所では、もし歴史を理解しそれを書こうとする衝動が仮にあるとするならば、互いに関連を持たないいくつもの歴史が書かれうる。特定のひとまとまりをなす歴史的経験を通して、すべての事件は一つの源泉と目標を共有するという確信が打ち立てられている所では、事件の経過の一貫性《ユニフォーミティ》、信頼し得る範型《パターン》などを探し出すことが可能となる。そのような歴史は、たとえ敬虔の産物であるとしても、宗教的共同体の内的生を高めたり、あるいは社会生活における宗教的要素の重要性を強調したりする目的をもった敬虔な歴史ではないことは明らかである。忠実な外的歴史は信仰には興味を持たず、神の道《ウェイズ・オブ・ゴッド》に興味を持つ。外的歴史は忠実であればあるほど、それだけ神の名をあげたり、神が最初にとらえられる啓示、あるいはむしろ、神が最初に信ずる者をとらえられた契機をなす啓示に言及する必要がなくなっていく。この意味で外的歴史はその出発点ないしは原動力を内的歴史の中に持っているのである。

キリスト者以外の自己や共同体の外的歴史を知ることはキリスト者にとって必要かつ可能な信仰の業であるが、それだけでなく、キリスト者自身の外的歴史を知ることも、二つの理由からキリスト者ののがれることのできない義務である。歴史における神の啓示は、のちに見るように、自己の啓示である。神を知るということは神に知られるということであって、したがって神の眼に映った自己を知るということである。教会がみずから外的歴史を書くということは神の眼でみずからを見ようと努力することであると定義できるであろう。われわれが神に帰している内的知識と外的知識の統一されたあの同時的知識は人間には不可能であるが、神にとって同時的であるものは、われわれにとってはある程度継起的なものである。教会は総合的、普遍的な視点を得ることはできないが、神の眼に映った自身の反映を見ようとすることはできる。その反映の中に教会が見るものは、あらゆる点で他のすべての被造物と同様の有限で、造られた、限界をもつ身体を持った存在である。教会の見るところを細部にわたって描写すること、その設立者の限界を持った人間的性格を見ること、しばしば誤った誇りから優越感を持ち、見下しているユダヤ教との紐帯をみること、教会の聖礼典と密儀宗教との関係を見ること、カトリシズムと封建制との関係、プロテスタンティズムと資本主義との関係を見ること、教会が自分自身を罪人の頭首として、またもろもろの結社の中でも最も赦されがたい結社として知ること――これらすべてが、教会の歴史に対して、また教会の歴史を通してきた啓示によって教会に要求されているところである。

さらに、外的観察から内的参与へうつるには信仰の決断による以外に道はないが、しかし外的な身体を持たずには内的な生は存在しないことも真実である。われわれが心のうちでは純粋な活動であると思っている記憶も、客観的科学がいずれは神経組織の中に発見する（と信じてよいであろう）であろう静的な面を持っているに違いない。個々の自己の記憶の神経組織に対する関係は、共同の記憶の書物や記念碑に対する関係と同じである。この共同体の記憶と文書記録とを同定することがいかに困難であっても、制度的教会の持つ聖書と儀式なしには、キリスト者共同体の内的歴史は存続しない。われわれが啓示ということばで何を言おうとしているかを、形而下の事実、しかも外的に考慮された歴史的事実をさし示すことによって明らかにすることはできないが、形而下的身体なしには、啓示を指示しうるところの存続する内的歴史を持ちえない。「思想を持たぬことばは天に達せず」、しかしことばを持たない思想は地上にとどまらない。その上、ことばになる思想は言葉を介してのみふたたび思想になりうるというのがわれわれの生の交替現象である。つまり、肉体となることばがわれわれにとってふたたびことばとなるのは肉体を通してなのである。外的歴史は内的歴史が存在し、また生かされる媒介である。したがって教会の外的歴史を知ることは教会の義務として存続する。

以上においてわれわれはカルケドン・キリスト論のパラドクスとキリスト教の二世界論倫理を繰返し述べたにすぎない。しかしながら、われわれの時代においても、ことにキリスト教的生と歴史の性質である統一における二元性を説明できないような、歴史と啓示とのあまりにも単純な定義が今日もある以上、これをくり返すことが必要である。

われわれは依然として啓示が何を意味するかを述べることに成功していない。しかし、啓示の見いだされる領域を指示できた。その領域は内的歴史、つまり、われわれに対して起こったことの物語、共同体の生きた記憶である。われわれのこれからの努力は、啓示の事件が見いだされる範囲を今少し厳密に決定することに向けられなければならない。

第三章　心情の論理

第一節　想像力と理性

キリスト者が啓示について語るときには外的観察者によって知られる歴史ではなく、参与する自己によって記憶された歴史をさし示す。しかし、啓示は内的歴史の全体を意味するのでも、任意に選ばれたある部分を意味するのでもない。

記憶された歴史の中にも、それ自身において知性によって理解されることもなく、他の要素を証明することもないあいまいな要素が多くある。なかでも、人格的な、また共同体的な、自覚的存在者の宿命的諸事実はその最たるものである。われわれは何故きょう、この場所においてわれわれ自身であるのかを知らない。もちろん外的視点からは、個人的、社会的生の物理的条件を明らかにする説明が与えられるであろうが、それは自己の本源、意義、運命などについての問いにはなんの解答も与えない。何故私はこの場所、この時に、この肉体に規定され、依拠したかたちでわたしであるのか、という問い、および共同体がそれ自身について抱く同様に困難な問いの数々は何物をも啓示することのない、理解しがたいもののあることを示唆している。それらは、もし啓示と呼ばれるべきものがあるとすれば、それによって照明されなければならない。

われわれの悪しき行為も、自己としてのわれわれの歴史のよく記憶された部分であるが、やはり理解しがたいものである。ペテロの否認やユダの裏切り、そしてそれに続く似たような多くの事件は、回心や変容などとともにキリスト者共同体の物語の中にある。これらは自明のものでも、他の経験を理解するための助けになりうるものでもない。このことはみずから受けた苦痛やわれわれのあやまちによって他者に与えた苦悩などについても同じく言えることである。外的に考慮される自然や歴史には悪の謎はない。実際、事物を支配している必然性しか見ない傍観者にはいかなる種類の悪も見えることはない。客観的な視点からは裏切り、否認、苦痛や苦悩などは単なる事実にすぎない。それらは自己の参与なしに生起し、自然界の事実と種類のちがう説明を要求することもない。自然界の事実は人間の勇気や忠誠と同じ程度で注目に価するものであり、意味あるものとされるのである。事件は自己の歴史において生起したときにのみ、また、それを起こしたり、その事件の影響を受ける人々に関連づけられたときにのみ悪となりうる。しかし、悪が何故起こり、どのような必然性を持って起こるのかについてはこの文脈の中では謎であって啓示ではない。

さらにわれわれは自分の過去の中に、強度のヌミノーゼの感情を伴う強烈な感覚や荘厳で畏怖にみちた経験に際して、奇妙な感動をおぼえたときのことを記憶していることもあるであろう。しかしこの感動そのものは何ものも啓示しないし、しばしば、のちの経験が明らかにするように、それは情況に対する不適当な反応の仕方、おそらくは欲求不満の感覚以上のものではないことが多い。われわれが啓示について語るときに指示するものはわれわれの歴史におけるこのような不分明なもののうちのどれでもないのである。

われわれにとって啓示とはわれわれの歴史の一部であって、内的歴史の他の部分を照明し、かつそれ自身も知的な理解が可能なものを意味する。難解な書物を読んでいるときに、こみ入った議論をたどりながら啓発的な文章にでくわすことがある。われわれはその文章から先に読み進むことができるし、すでに読んだところを読み返して書物全体を理解するに至ることもできる。啓示とはそのようなものである。ホワイトヘッド教授はその著書『形成期の宗教』において、そのような啓発的文章をいくつか書いているが、その一つは、「理性的宗教は特定の機会における直観と、その概念が他の機会を解明する能力に訴える」という文章である。キリスト教会においてわれわれが訴える特定の機会はイエス・キリストと呼ばれており、彼の中にわれわれは神の義と力と知恵とを見る。しかしまたこの特定の機会からわれわれの歴史のすべての事件を闡明《せんめい》しうる概念を引き出している。啓示とは、他のすべての事件を知性によって理解可能なものとするこの事件、それ自身において知的理解可能なこの事件を意味する。

そのような啓示は、われわれの生において理性と衝突するものであるよりも、生における理性的範型《パターン》の発見である。啓示とはわれわれが、人間の知性によって理解可能な世界、またそれ自身知性的な世界を構成する者として考え、行動することができるようになる出発点を意味する。われわれの個人の、また共同体の歴史の中には必ず範型《パターン》が見いだされる。この範型は参与する自己によって知られる事件に適用できるが、非参与者によって見られる事件に対しては決して根本的、直接的に適用されるものではない。それが説明する不分明な事物も、生の傍観者としてのわれわれを煩わせるたぐいのものではなく、道徳的主体や被行為者（moral agents and sufferers）を悩ます種類のものである。ここでパスカルのことばを借りれば、啓示において論理を見いだすのは心情であって頭脳ではない、ということになる。このことは心情の論理と頭脳の論理とが抵触しているとか、両者の関係が密接でないとかいうことを意味しない。その意味するところは、啓示に関係する理性が実践理性であるということ、あるいは非人格的頭脳の理性でなく、自己の理性であるということである。またその示唆することは、純粋理性は頭の中の非合理性と衝突するのであって心情の論理とは衝突しないのと同様、実践理性が衝突するのは実践的非合理性であるということである。われわれが啓示をわれわれの論理の基盤として用いるとき、われわれは心の中の悪しき想像力を抑制しようとするのであって、観察する頭脳の妥当な心象《イメージ》を抑えようとしているのではない。

ここで理性と想像力の関係を考察することにより、啓示がいかに理性的原理であるか、われわれが啓示について語るときに何故歴史の中の、われわれに理解力を与える一つの契機を指摘するのかを理解する助けを得ておこう。理性と想像力を分離し、前者を外的世界に関する知識を扱うものとし、内的生をして後者の領域とみなす、というのは誤っている。こうした区別の結果、内的生の物語を詩的な性格のもの、空想の産物と考えてしまうことになる。そしてそれを神話と呼び、われわれが外的事件の理性的観察者として持っていると信じこんでいる、事実についてのより正確な知識と対比させることになる。そこで、キリスト教は、自己と価値と持続する時間とを扱う真の意味での詩としてだけでなく、詩的許容《ポエティック・ライセンス》や虚構を用いることを許すというような誤った意味での詩としても分類されてしまう。このように、理性と想像力とを異なった領域へそれぞれ割り当てることは二重に誤っている。なぜなら、外的世界についての知識でも想像力を利用しなければならず、内的歴史の解釈に当たっても理性なしにはすまないからである。理性と想像力とはそれぞれの領域で必要とされるのである。

自然科学において想像力の果たす役割が大きいことから、著名な自然科学者のある人々は彼らの世界像はまったく詩的なものであると信ずる方向に傾いている。自然についてのわれわれしろうとの普通の知識でもわれわれが受ける多くの断片的感覚を解釈するために常時想像を用いなければならないことを知っている。われわれに向かって押し寄せてくる無数の感覚、混乱しており、知的理解もできず意味もなさない、視覚的、聴覚的な感覚は、ある全体像《トータル・イメージ》をもってこれらと取り組み、とらえようとする頭脳によって整然とした秩序をもって流れるものとされる。われわれは外から来る感覚をわれわれ自身の予想によって待ち受ける。われわれは孤立した声を聴いたり、ばらばらの、したがって意味もなさない単語を聞いたりするのでなく、一つ一つの音をわれわれが部分的に補充する文脈によってとらえるのである。われわれは受けた感覚を観念によって解釈し、また解釈することによって感覚経験をくり返すのである。われわれはいくつかの感覚の間の関係を、それが明らかにされる前に予想する。そして想像によって直接の資料としては欠けている部分を補うのである。であるから、茶褐色でざらざらした手ざわりの、ある大きさと形をもつものを樹皮として、あるいは木として、さらには、生命の環境に対する適応の一形態として捉えるのである。このような物を知る過程にあっては、すべてのことは感覚と想像との絶え間のない対話にかかっている。われわれは感覚によってあざむかれることはほとんどないが、誤った想像によって翻弄されることはある。誤った想像はある感覚データを、それまでの批判的かつ共同の経験に従えば否定されるようなある全体的文脈の中で解釈するのである。目下のわれわれの経験には妥当しないような概念や心象《イメージ》や範型《パターン》——視覚的なもの、あるいは言語や数学などの洗練された象徴など——を用いて、われわれは誤った予想や、不適当な反応へと導かれてゆく。暗闇では歪んだ想像力は木の幹の側面や一断面の視覚印象全体を解釈して幽霊であると思わせてしまう。注意力の散慢な時には bark ということばを木について何かを意味することばとしてではなく、犬についてのものとして受けとってしまう。これらの例において誤ったのは想像力のほうであって感覚ではない。理性は想像力を不要にすることはなく、適切な心象《イメージ》や範型《パターン》を選ぶことによって、それなしには不可能な感覚も、実在《リアリティ》の真の象徴となり、その心象《イメージ》によって予想される実在の他の局面をも、共同の経験にもたらそうと努力するのである。そのような自然の知識において誤謬の主な原因は誤った心象《イメージ》の利用にあるものと思われる。つまり、心象と範型とを純粋に内省的に組み立ててしまい、不断に感覚と照合させることにより、頭脳が期待するところが現実に合っているかどうかを確かめることもせず、でき上がった心象を事物として絶対的に同定し、感覚によるすべての批判を許さず、したがって感覚に対するすべての反応は慣習的な方法にまかせてしまうなどのことに誤謬の原因があるのである。外的知識にあっては理性が適正な想像力である。理性は想像を排除するどころか想像の発展に依拠し、そのため、最もつかみがたい詩人も純粋数学者も人間の情報活動のスパイとなることができ自然支配の先駆者となることができる。

われわれ自身の歴史における内的知識においても、理性と想像力とは同様に組み合わされている。ここでは、外的知識の感覚に相当するものは自己の感動《アフェクション》である。苦痛とか快楽もここではその物理的側面が大事なのではない。重要なことはそれがわれわれのものであることである。これらは直接に、あるいは同情として、われわれの身体の中で起こる。したがって自己の喜びや悲しみになるのであり、つまり、それらは魂の状態なのである。われわれの身体の参与なしには何事も起こらない。魂の感動はわれわれの身体の中で起こるが、それと同じく、社会的身体の中にも起こりまたそれを通してわれわれにも起こってくる。われわれは共同体とともに、共同体の中で苦しみ、また喜ぶ。喜びや悲しみに、恐れ、希望、愛、憎しみ、誇り、謙遜、怒りなどが組み合わされる。これらの感動のうちのどれも解釈されないままで放置されるものはない。われわれはこれら一つ一つに、直接的には欠けているデータを想像によって補いつつ対応し、その感動が一部である実在全体に対して適切に、あるときには誤って応接するのである。この領域においてわれわれの用いる心象《イメージ》は人格的なものと考えられる。ここでは非人格的な概念によっては物を考えることはできない。機械をわれわれの模型とすることも、数学公式を範型とすることもできない。たとい外的知識においては人格の心象《イメージ》を決して用いないように訓練されたとしても、魂の感動を解釈するときには概念に代えて主体を用いることは不可避である。想像力のこの用い方は神話とは違っている。神話とは客観的知識について人格の心象を用いるものであって、そこでは常に虚偽があり、外的な目標について成就しようのない期待をかもしだし、妥当性を欠く行為に導くのである。他の自己とともに生きる自己の生について妥当な問いは、人格の心象が用いられるべきかどうか、という問いではなく、どのような人格の心象が正しく適切なものであるか、またどれが心情の誤った想像であるかという問いである。

この領域での悪しき想像は、外的知識における誤った概念や仮説が、そのもたらす結果によって知られるのと同じく、自己と共同体とにもたらす結果によって悪しきものと知られる。心情の悪しき想像のいくつかの例をあげることにより、この領域における理性と想像力の関係を明らかにできるであろう。さまざまの狂気にあっては、理性と想像力とが欠けているのではなく、誤った心象が理性によって用いられているのである。妄想につかれた人は彼に対して起こることすべてのことを解釈するが、適切でない範型《パターン》を用いて解釈する。彼の感じている恐怖は現実のものであるが、彼はそれを彼に向けられた大迫害の前兆と考える。彼の持つ希望は彼の偉大さの徴《しるし》とみる。彼の愛の感情は神秘的な結婚を暗示するものとされる。こうした心象は誤っている。彼の解釈は彼の属する共同体の他の成員の経験によって支持されない。したがって彼は他者との交わりからみずからを切り離し、また切り離され、ついには完全な孤独の失意の中に引きこもってしまう。同じことが、人々の生をしおれさせるすべての優越感、劣等感についても起こる。心情の悪しき想像はすべての悲しみを他人の誇りのため、あるいは自分の至らなさのためである、と解釈する。想像は心に受けた傷を深め、他の反応は仲間との疎外をさらに増すものとなる。社会的な局面でのそのような想像の蔓延は現代あまりにも明らかである。貧民の悲しみ——いかに多くの外的分析が経済の動きや不平等にふれて彼らの貧しさを明らかに説明してみせても——は人格的な悲しみであって、人格的な説明を要する。そこでそれは非常に利己的な資本家という心象によって説明され、その資本家に向かって人格的怒りの感情が向けられる。同様に、富者も悩みを持ち——外的に見れば肉体的苦痛とはほとんど縁がないが——外国の扇動者や労働組合員、政治家や政治屋などに彼らの不満の原因を見、そうした考えに従って行動する。また堕落した民族という心象も、あるときにはユダヤ人に、またあるときにはドイツ人、黒人、そして日本人に与えられ、社会的、個人的悲しみの解釈に用いられている。これらは悪しき想像であって、摩擦をながびかせ、自己を作為者としても被作為者としても虚弱にし、破滅させてしまう結果となる。これらの悪しき想像は多くの作為者で混乱した世界を提示する。この多元的範型は総合的統一体系に構成されることを拒否する。恣意性と孤立した主観性とがこうした心情の想像によって理解された世界の特徴である。原始社会のアニミズムは人間の歴史のすべての時代に対応現象を持っている。

心情ないしは実践理性が、その感動をとらえ理解するために採用する心象は、何よりもまず自己が主役を演じている劇の場面である。自我中心主義《エゴイズム》は意志の特性であるだけでなく想像力の特性でもある。そしてそれは自己が自分自身について持つのと同じ関心を他のすべての自己にも注入しようとする人の傾向において現われる。宗教においては人の喜びや悲しみは神にその起源を持つとされるが、そこでは神は喜びや悲しみを、自己に対する満足・不満足の感情からのみ与えるものと考えられている。すべての苦痛は「何が神のきげんを損ねたのか」という問いを起こさせ、すべての喜びは自己が神に対してなした功績に対する神の愛顧によるものと考えられるのである。集団も同様に自分が世界の中心に位置するものと考える。すべて国家も自国が選民であると考える。敗北においても勝利においても、苦痛や満足を、全世界が彼らの運命を中心として動いているという彼らの確信を補強するために用い、自分自身をますます意識するようになってゆく。そのような想像によっては他の自己の知識を得ることはできない。そこで知られるのは常に「我」であって「汝」ではない。自己は完全な孤独の中に生き、他者は自我が反映される鏡の役しか果たさない。しかもその自己が用いる自画像は他の自己によっては批判されようがないため、まったく荒唐無稽なものになりやすいのである。

これらのアニミズム的、かつ自己中心的な世界像は古代のものであれ、現代のものであれ、われわれの歴史やわれわれの運命を意味あるものとはなしえない。多少は規模の大きい仮説に従属させられるときにはきわめて限られた範囲内での応用はきくにしろ、生の広大な領域を説明することはできず、もしそれが心情の最後的な心象として用いられるとき、混乱と不幸とに人を導くことになる。われわれはそのような心象の補助によって推論するとき、ほとんどの苦悩や喜びは不可解なものとして放置されてしまう。悪や自己性（self-hood）は謎として残ってしまう。思想や行動における唯我主義《ソリプシズム》、理論と実践における不合理な多元主義がその帰結である。悪しき想像を用いる心情の推論からは、他の自己を破滅させるのと同時に、自己の窮乏化と疎外とが生み出されてくるのである。

啓示なき自己の世界の情況は以上のようなものであると思われる。われわれはわれわれの喜びや悲しみを理解するときに用いるいくつかの範型《パターン》を持ってはいる。しかしほとんどの場合それらは、われわれの無知を改善することもなく、適切でないだけでなく、破滅に導きやすい悪しきものなのである。アニミズム的、自己中心的推論の誤りを知ったとき、われわれは自己という観念を用いる構想をまったく捨てようという誘惑におちいる。人格関係を理解するために、事物の外的、非参与者的知識を得るときにある程度使えることを知った非人格的心象を用いようとする。われわれはわれわれ自身および他者を自己性を持たない存在として理解しようとする。そこでわれわれは犯罪者を遺伝上、環境上の必然的な最終産物であると解釈する。またわれわれに苦痛を与える人間を不適応な人間であると言い、また、われわれ自身の罪や悲しみについても同じ用語を使う。この用語は象徴的である。なぜならば、この適応とか不適応とかのことばは、事物についてその同意も参与もなしになされる操作のことだからである。富者と貧者の葛藤を非人格的要素が決定的役割を果たす経済発展の結果として解釈する。つまり、人々の善意や悪意によってよりも、機械、市場、生産や分配の条件がプロレタリアートの悲惨とブルジョアジーの恐怖感の原因であるとする。国家は地理的、生物学的、経済的な単位とされ、今あるがままにしかあり得ず、なしつつあることはなさざるをえないこと、とされる。したがって国家は、栄養不良の肉体を診断したり、調整の悪い《マルアジャステッド》カービュレーターを扱ったりするのと同じく、毀誉褒貶なしに冷静に扱われなければならないということになる。われわれは宗教や教会の歴史を理解するときにも同じような心象《イメージ》を用いる。つまり、心情は頭脳から借りてきた心象によって推論する。生への参与者が生の外的局面を観察する者の心象を用いるのである。われわれはそのようにして物を考えるのであれば、啓示とは特定の情況の直観であるとする必要性はなくなる。われわれの用いる概念はなにか特定の事件に対する関連を持たない、非人格的、定量的、非歴史的なものになるからである。

純粋理性と実践理性の間、また観想的生と参与的生の間の密接な関係からすれば、そのような非人格的推論も必要であり、また実りあるものであろう。人間、人種、国家などの生理学的、経済学的、心理学的な解釈は人間やその共同体を責任をもって取り扱ううえで閑却しえない要素である。しかし、観察者の機械的な、あるいは少なくとも非人格的な模型《モデル》は、自己を理解するにあたって主要な道具とされたり、または、それしか用いられないときには、神話となってしまうことが二つの問題を考察することによって明らかとなるであろう。第一に、生の参与者の立場にある者ならだれでも、この非人格的レヴェルにおいては他の人々を解釈したり扱ったりできないということ。第二に、非人格的な説明はわれわれの経験のほとんどの部分を不合理かつ統制不可能なままで放置してしまうこと、の二点である。

第一の点についての多くの例は歴史の中に見いだされる。観察から出発して行為に説き及ぶ偉大な哲学のすべての要素となっている首尾不一致は非人格的視点の不十分さを明らかにしている。プラトンが『法律』において哲学から政治に真剣に方向を変えるとき、それまで中心的な位置にあった形相とか概念とかは神とか霊魂などにとってかわられる。スピノザが形而上学から倫理学に移り、人に救いの道を示そうとするときには、神や人間についての心象を非人格的な平面に保ち続けることができないでいる。マルクスのいわゆる科学的社会主義も、行為の問題になるとただちに社会過程の非人格的心象を放棄している。活動的革命家として共産主義者はプロレタリアートの力が経済的進化の結果であって歴史に相対的なものであり、彼らの権利もこの力に由来するというようには考えない。むしろ彼らの力は普遍的な平等、自由、幸福を確立するものであるがゆえに力強くあるべき権利を持つと信じている。行為の問題に移ることによって傍観者の立場を捨て、資本家の現状をただあるがままに見ることをやめ、彼らは不正であると非難を始める。外的知識から参与への移行がなされると、作用《ヴァレン》力《シー》は人格にとっての価値に変革され、非人格的過程に代わって人格的な動機が分析されているのである。科学的ヒューマニズムもまた、行為の問題に移るときには、ことばによってはどれだけ否定しても実際には人間関係の解釈を非人格的用語ですることを放棄しなければならない。心理学者は自分の天職を選ぶにしろ、配偶者を愛しいつくしむという約束をするにしろ、自己の意識も、そもそも自己もなく、あるものはただ心や物質の非人格的プロセスだけであるという仮説に立って行為することはできない。決断と行為においては観察に用いられた心象は適切ではなく、自己についての観念や自己にとっての価値に場所をあけ渡さなければならない。実証主義者は毀誉褒貶の用語は無意味であるとしながらも、彼らが反啓蒙的と呼ぶ人々との論争のときには、自分の前には人間がいるかのように、自分自身の見解にはなにか価値があるかのように、また真理が人間にとって重大問題であるかのように毀誉褒貶をくり返すのである。生のすべての事柄に厳密に非人格的かつ叙述的方法を応用していると信じている人々はしばしば奇妙な盲目さにおちいっている。彼らは自分の観念を発表しようとするすべての決断において、また、自分の思想と自分自身とを同定することにおいて、その方法を放棄していることにみずから気づいていない。生への参与者は人格とか価値とかによってしか考えることができないのである。自己を非人格化する限りにおいて、つまり内的生を持たない物体となり、喜びも悲しみも愛も憎しみも隣人も持たず、希望も恐れも持たなくなる——物の世界における一つの物となる——限りでそれは可能であろう。しかし、そのような世界においてはいかなる真理も発表される必要はないであろう。そして尊さも卑賤さもない存在物がすべてのすべてとなるであろう。観察的方法の心象は参与的生においてはあまりに場ちがいのものであり、そのため、他の考え方に場所をゆずるか、あるいは、決定的行為の瞬間に道徳的主体によって用いられるときには内密に修正されなければならないのである。

観察の方法から人格的参与へ移行することによって生じる首尾不一致を、観察の方法にとっては妥当な非人格的な思惟の範型を採ったままで回避しようとすれば、実践的、道徳的生は、熱情とか慣習とかの不合理なものにまかせるほかないであろう。実証主義者のある人々はすべての価値判断、宗教的主張、自己にかかわることなどは、感覚経験に関連した用語に翻訳できないがゆえに、あるいは、自然科学の非人格的心象によって理解できないがゆえに、無意味なものとして切り捨ててしまっている。道徳、政治、宗教等はまったく不可知、非合理なものであると彼らは言う。しかしながら、価値判断や宗教的献身、自己や他者を意識すること、自己と自己との関係の世界などの現実性を、それらが不可知であると断定することによっては切り捨てることはできない。人間の経験や行為のどの部分であれ、それが理性のらち外にあると宣言してもその存在そのものを抹消することはできない。ただそれらを無規定な熱情や批判を受けない因習や心情の悪しき想像力の支配下に放置することになるだけである。道徳的生、宗教的生を非合理的と断定する者はだれでも道徳的生、宗教的生を訓練しようとする努力を放棄する者であり、彼自身を、また彼の悲しみや喜びを理解しうる適正な心象を見いだそうとする努力を放棄する者である。そのような実証主義は人間の道徳的生という戸口をアナキーの出現に向かって、また原始的神話を伴った原始的情動の蔓延に対して、広く開放する者である。この思考方式の旗手たちの多くがこのディレンマから抜け出そうとしてとる道は、自分の属している集団の慣習的道徳に従うことをみずからも受け入れ、弟子たちにも勧めることである。それによって彼らは道徳的、実践的生の現実性と物の世界に対する合理的方法の限界とを承認するのである。しかし彼らは旧来の慣習を批判も受けないままで存続させ、道徳的生の中での理性的原則を発見しその拘束力を広げようとする努力をくじいてゆくことになるのである。

以上の考察で特に示されたことは、人格的自己の生が理性のわくの外にあるということではなく、純粋理性ないしは科学的理性が事物の動きを理解するために用いる範型は人格的領域には応用できないということである。もし倫理、政治、宗教――人格関係の複雑な全体――が理解され、気まぐれな想像の支配から救い出されなければならないのならば、またもしそれが「科学的」にされるべきであるとするならば、それは事物の世界を観察する観想的理性の用いる心象や範型をこの領域にも移し入れるということとは別の方法でなされなければならない。まちがった想像によってこの領域につちかわれた誤謬や迷信は自己についての観念や自己にとっての価値を消去することによっては克服されえず、同一次元のより妥当な心象によってのみ克服されるのである。

心情も推論しなければならない。参与する自己は、その生と諸関係における範型と意味とを捜し求めることの必要性を回避することはできない。理性か想像力かという二者択一ではなく、妥当な心象を基礎とする推論か、悪しき心象による思考かの二者択一があるのみである。共同体と歴史との中にある自己を理性的に理解する基盤は、アニミズムの原始的な心象でも、現代的科学の非人格的範型でも、さらにはまた、いかなる種類のものであれ純粋に観想的な範型でもない。しかし、悪しき心象でも、妥当性を欠く心象でもなく、心情が理解することを可能にする心象がある。その心象が与えられる事件をキリスト者は啓示と呼んでいる。

第二節　啓示による解釈

前節で明らかになったことは、われわれの歴史における啓示が個人の生、共同の生のすべての出来事を知的理解可能にする心象《イメージ》をわれわれに与える特定の機会を意味するということである。この点でわれわれが問題にするのは、啓示の契機《モーメント》が自分自身の光で輝くとかそれ自身において知的理解が可能であるとかいうことではなく、むしろ他の事件を照明しわれわれがそれらを知的に理解できるようにする、という点である。啓示とはさまざまの意味を持つであろうが、まずなによりもわれわれが人格的存在として持つ混乱した喜びや悲しみに理性的一貫性と全体性を与え、もろもろの共同体の歴史の喧噪の中に秩序を見わけさせる事件、しかもわれわれの歴史の中の一つの事件を意味する。そのような啓示は理性を排除しない。啓示は照明するが頭《マインド》をその労から解放しないのである。かえって、啓示は、頭《マインド》にその本来の作業をするに必要な刺激と根本的原理・方針とを与えるのである。この意味で啓示の契機は、それが理性的であるがゆえに、また個人の歴史における秩序と意味との理解を可能にするがゆえに、啓示的であると言うこともできるであろう。生が演劇のような統一的範型を持つことが啓示によって明らかにされ、それによって心情は共同体内にある自己に対して、かつて何が起こったのか、今何が起こりつつあるのか、将来何が起ころうとしているのかを理解することができることになる。われわれが何故これを演劇の範型《パターン》と呼ばなければならないのか、またそれが観察者の概念的範型とどう違っているか、という問題は、心情が生の意味を理解するためにその演劇的範型をどのように用いるかを調べることにより明らかにされるはずである。

まず第一に、啓示の契機《モーメント》はわれわれの過去を知的理解可能にするものである。啓示によってわれわれは記憶していることを理解し、忘却したことを思い起こし、以前は縁遠いと考えていた多くのことをわれわれ自身の過去として自分のものとする。個人の生においても一つの大きな機会《オケイジョン》に、それまでは明らかに偶然にあやつられていると考えていた人生が大きな意味を持ち、知的理解可能なものに変えられることがあるであろう。そして彼に対して起こったすべてのことは、それらが、自分の生まれてきたのもこのためであると彼自身理解する契機に結びつけられるとき、連続性と範型とを持つものとなる。たとえば預言者は、預言への召命を受けたとき、エレミヤとともに、彼らが生まれ、育てられたのは、彼らにとって預言者の職務への授任式であったことを理解するであろうし、アウガスティヌスのように「この大きな救いをもたらした罪」の中にさえ祝福をみることになるであろう。イスラエルが、遊牧民時代のこと、部族間の争い事や外国の暴政下でのことなど、ばらばらで無秩序な思い出をそれらからの解放と聖なる民としての選びという啓示的事件を焦点として結び合わせたとき、それまでは思いもよらなかった意味と統一とを見いだしたのであった。かつては「痴れ者の作り話、声も話も大きいが、なんの内容もない話」であったものが、壮大な叙事詩となったのである。一行一行が、そして一節一節が、一巻一巻がその本来の場を得る。部族の歌、不名誉な過去の言い伝えも忘却されることはない。それらは新しい関連で記憶され、それまでは隠されていた意味も明らかにされるのである。イスラエルの記憶を捜しだしそれを啓示の心象《イメージ》によって秩序づけた預言者、詩人、祭司等の労苦は統一的理解に到達するために必要であったことは明らかである。彼らは啓示の光を彼らの過去に携え行かなければならなかった。啓示は推論する心情をその労役から免除することはせず、ただ心情が記憶しているところを理解するための道具を与えたのである。つまり、聖書は啓示の歴史として書かれただけではなく、啓示によって理解され統一されたイスラエルの歴史としても書かれている。過去を理解しようと努めるイスラエルの労苦は完了することなく、後代の、そして現代のラビたちによって続けられている。しかし、啓示の機会と啓示の理念とはどの時代に対しても一定不変である。

キリスト教会においてもイエス・キリストにおける啓示の機能は同様のものである。キリストにおける啓示によって初代の使徒たちはユダヤ人キリスト者の記憶だけでなく、異邦人キリスト者の記憶をも理解し解釈した。彼らには人類の過去全体が、人々の国家的、宗教的思い出には欠けていた統一と意義とを持つようになった。イエスが時満ちて生まれた、ということは、過ぎ去ったことのすべてがともに騙らってこの事件をもたらしているように思われた、ということを意味している。ユダヤ人の宗教だけでなく、ギリシア人の哲学も、偉大な救いの来たることの預言として理解できることになったのである。使徒たちの仕事は教会ののちの代々にわたって継承されていった。選ばれた民の運命と同じく、諸帝国の興亡が、エレミヤの殉教と同じくソクラテスの殉教も、ユダヤ人の流浪と同じくギリシア人の流浪が創造的愛や歴史における審きの具体例として理解されただけでなく、ある一つの全体的包括的プロセスの諸部分としても理解されることとなったのである。この仕事は完了されることがない。過去は無限であり、たとえ啓示の助けを借りても思考は苦痛に満ちており、人の心は疑いにさいなまれることを常とするからである。しかしキリスト教会にとっては過去全体は一連の叙事詩であるはずである。啓示の契機《モーメント》が厳存する以上、教会は、人間がちりから興り、残忍さと罪との泥沼に沈んでいること、代々の無数の名も知られぬ人々の苦しみ、被造物の今日に至るまでのうめきと苦悩――啓示なしには絶望をもってしか思い出すことのできないことのすべて――の長い物語を冷静に記憶することができるし、またしなければならない。過去の中には無視されたり、意味を認めることがどうしてもできないといわれるようなものはない。過去全体を無意味さから救うことが啓示の能力であり、それがまた、啓示の特性をあらわすことの一つである。

　啓示を基礎として推論することにより、心情はその記憶しているところを理解するだけでなく、忘却してしまったところを記憶に呼びもどすことが可能となる。われわれが個人的、社会的自己の不十分かつ悪しき心象を用いるとき、その自己の姿に組み入れることのできない記憶を意識から脱落させたり、抑圧してしまったりする。われわれは自分の愚かさや法に対する侵犯、自分の理想に対する背馳等を無意識の深みに埋没させてしまう。また些細なことと思われることもその多くを忘れてしまう。偶像崇拝的心象によって解釈されるとき、なんの意味も持たなくなってしまうからである。われわれはそうした過去を消滅させることはできない。その記録はわれわれの生の深みにしるされている。われわれはただそれがわれわれの真の過去であることを認めようとしないだけであり、またそれをわれわれとはなんの縁もないもの――われわれの真の自己に対して起こったのではないこと――としようとしているだけである。われわれの自叙伝は書物となっていようがいまいが、自分の恥については語らないのと同様、われわれの国家の歴史をも過去の社会的行動における犯罪や愚行を市民の意識に呼び起こそうとはしないことの原因はここにある。しかしこの記憶されない過去は持続する。外見上われわれはそうした過去が、国々の境界に現われているのを見ることができるし、アメリカにおける黒人のようにある社会集団の経済的地位に、また起源の忘れられた民俗習慣の中に、そして国家の政策や個人的習癖の中など、具体的に現われているのをみることができる。われわれは階級差別や人種差別、偏見、また許される行為、許されない行為についての前提などに従って生活し、行動するとき、われわれは自分の意識しない過去によって拘束される。われわれの隠された過去は強力である。われわれの父祖たちやわれわれ自身の昔の自己の亡霊は、われわれがそれが現存することを認めなくとも、昼も夜もわれわれにつきまとう。

啓示の事件はこの隠蔽された過去をよみがえらせる。啓示はわれわれが自分の裏切りや否認、愚かさや罪を明るみの中で注視することを要求し、またそれを可能とする。われわれの自叙伝の中には、また社会史の中には不調和なものなど何もない。個人の内的生においても啓示は心情に対して自己の罪を呼び起こし、記憶するのが恐ろしかったようなことも残らず告白することを要求する。アウグスティヌスや聖パウロなどの偉大な告白はすべてこうした過去の理性的統一《ラショナライジング》作業がどのようにして起こされるかを示している。すべての社会史は、教会史そのものも例外ではないが、啓示の光のもとに想起されるとき、罪の告白となる。啓示のこの領域における働きが完了されたこともなく、さらには、多くの局面ではまだ開始されてさえもいないということも事実である。しかしながらまた、キリスト者にとっては、忘却された過去が想起されることになる、自己の批判的歴史は啓示によって可能とされ、また不可避の帰結であるということも事実である。

過去に関しての啓示の第三の機能を同化と呼んで良いであろう。人が新たに共同体に加入するとき、彼は新しい仲間との現在の生を共有するだけでなく、その共同体の過去の歴史を自分自身の過去としてとり入れるのである。つまり、移民たちはピルグリム・ファーザーズや一七七六年の立て役者を自分の父祖と呼び、内戦の痛苦をなんらかの意味で自分自身のものとみなすことを習得するまでは、アメリカ人の共同体の真の構成員とはなることはできない。共通の記憶が欠けているところ、ないしは人々が同一の過去を共有していないところには真の共同体はなく、共同体が形成されるときには共通の記憶が創造されなければならない。現代の国家的共同体において歴史教育が重んじられる理由もここにある。しかしながら、そのような地方的記憶によっては、過去のほんの一部しか同化されず、ごく限られた人々の共同体しか形成されない。キリスト者にとって、啓示の契機《モーメント》とはユダヤ人であれギリシア人であれ、奴隷であれ、自由人であれ、ヨーロッパ人であれアフリカ人であれ、またアメリカ人、アジア人であっても、中世の人々でも現代の人々でも、すべての人々の共通の過去に起こったこととしてキリスト者が記憶できる事件であるというだけではない。それはすべての人間集団の過去をキリスト者の過去として同化する契機でもある。イエス・キリストを通してあらゆる人種のキリスト者はユダヤ人を自分の父祖として認知する。キリスト者は、彼らのイギリス人、アメリカ人、イタリア人、ドイツ人としてのそれぞれの生の中にアブラハムの忠誠、モーセの英雄的統率、預言者の糾弾と慰めとを組み入れるのである。神のこの不思議な流浪の民に起こったすべてのことが、彼ら自身の過去の一部分とされる。しかし、イエス・キリストはユダヤ人の罪のために、したがってわれわれ自身の罪のために苦しんだ一ユダヤ人であるだけではない。彼は同時にローマの世界共同体の一員でもあり、彼を通してローマ帝国の過去もわれわれ自身の過去とされる。イエス・キリストの生と死とはこの帝国の歴史を通して理解されなければならないが、その歴史はわれわれ自身の帝国の歴史でもある。こうしたことすべてを超えて、イエス・キリストは人類の歴史全体をわれわれの歴史とする人である。今やわれわれに縁のないものは何もない。すべての苦闘、光への模索、諸民族の流浪、あらゆる地方の人々のすべての罪は、彼を通してわれわれの過去の一部となる。われわれはそのすべてを、われわれの共同体の中で、また共同体に対して起こったこととして記憶しなければならない。キリストを通してわれわれは全世界に広がる神の帝国への移民となり、その帝国の歴史を、つまり、あらゆる時代のあらゆる地方の歴史を、われわれの歴史として記憶しなければならないことを知るのである。

われわれの過去をこのように解釈し把握すること、われわれの歴史において起こったことすべてのこのような理性的統一作業は知的作業ではなく、道徳的事件である。参与する自己の心情はこの仕事に携わり、それによって魂は改造されてゆくのである。なぜならば、われわれがイエス・キリストを通して記憶する過去は順列的な過去ではなく、持続する過去だからである。内的歴史の過去を語るときにわれわれは、世界の中のどこにももはや現実性を持たないような事件に言及しているのではなく、われわれの内部構造、持続している遺産について語っているのである。われわれの過去とは現在の存在である。なぜならばわれわれの現在の存在とは、衝動や気力、癖、習慣、共同体や原理への献身などであるが、外的観察がそれらを、もはや存在しない原因に結びつけるのに反して、内的視点によれば、それらの本源と意味とは自己とその共同体との中にあるからである。外的な見方では衝動や欲望や本能などは人間が動物から進化する以前の過去に起源があるが、その過去もそれらの衝動、欲望、本能などにおいて現在である。過去はわれわれの社会的行動の様式の中にも現在している。観察的歴史が遠い昔に働いていた力に由来を帰していることも、現在のわれわれを作っている過去なのである。われわれの過去は意識された記憶において、また無意識下の記憶においてわれわれの現在である。そのような現在的過去を理解するということは自分の自己を理解するということであり、その理解を通して自己を改造するということである。われわれの生ける過去を啓示の契機によって把捉し解釈するということは、精神科医が患者に過去全体を思い起こさせるときに用いる方法ないしは抑圧されたままで苦悩の原因となっているものを白日の光のもとにさらけださせるために用いる方法に比べられるであろう。過去のことすべて、つまり現在のことのすべてを記憶するということは自己の統一を達成することである。人類の過去をわれわれ自身の過去とするということは人類との共同体を達成するということである。記憶のそのような変革《コンヴァーション》は魂の回心《コンヴァーション》の重要で不可欠の部分である。個人的、社会的過去の統合《インテグレイション》なしには現在の自己の統合《インテグレイション》も人類の兄弟的和合といったものもありえない。イエス・キリストを通してキリスト者はくり返し歴史に立ちもどり、父祖たちや兄弟たちの信仰と罪とを自分のものとすることができるし、またそうしなければならない。

そのような回心が容易に完了されるものではなく、むしろ永遠の革命運動であることは明白である。過去は無限であり、しかもわれわれは自分の過去を他人の過去から分離することを通してわれわれを神と仲間から分離しようとくり返し努力するものであり、この努力において罪が新しくはいりこんでくるがゆえに、回心は生涯全体にわたって続けられなければならない。キリスト教会も、その過去をユダヤ人の過去と切り離そうとすることによって、あるいはたとえばプロテスタントが中世キリスト教史を忘れようとしたり、カトリックが宗教改革以来の発展を彼らの物語の真の部分ではないとみなしたりするように、その歴史の中から共同の生の一部を除去しようとすることによって新しく罪を犯すのである。過去の改造は、和解の問題がすべての現在において起こってくるがゆえに継続的になされなければならない。今日、たとえばキリスト教会におけるさまざまの教派やセクトの間の和解は望ましいことであるだけでなく至上命令でさえある。再一致への障碍は多岐にわたるが、中でも最大のものの一つは、分裂したキリスト教会のおのおのの部分が、自分自身の心象《イメージ》によって過去を解釈し、悔改めることなくその心象に固執していることである。おのおのの部分は伝統という偉大な財産と重荷を負っているが、その中から自己中心的心象に適合する部分だけを承認し、告白しているにすぎない。そのために、キリスト教会のおのおのの部分は互いに他の部分がその神学、礼典、秩序、倫理体系によって何を表現しようとしているのかを理解しえないでいる。さらには、諸集団は自分自身を他からの批判から弁護するための手段として、また対抗する派に対する戦いの武器としておのおのの孤立した歴史を用いる。われわれは、イエス・キリストを通してわれわれの罪深い過去全体を記憶し、また互いに他の過去を自分のものとするのでなければ、一つの共同の教会《コモン・チャーチ》の統合された部分となることはできないのである。カトリックとプロテスタントの一致も、共通のイエス・キリストの記憶を通して、前者がペテロの罪を悔改め、後者がルターの罪を悔改めない限りありえないし、プロテスタントがトマス・アクィナスを自分の父祖の一人として認め、異端審問をみずからの罪とし、イグナティオ・ロヨラを自分たちの改革者のひとりとして認めない限り、同時に、カトリックがルターやカルヴィンを聖徒として認め、プロテスタントの国家主義を悔改め、シュライエルマッハーやバルトを彼らの神学者としない限り、一致はありえない。プロテスタント間のより狭い局面での再一致についても、イエス・キリストを通しての過去の再構成の仕事が非常に精力的に行なわれなければ真に一体にはなりえない。意見の相違を克服しようという単なる願望も、意見の背後にあるもの――記憶――を再解釈し、互いに他の記憶を自分のものにすることによって表現されなければなんの益もないことである。聖公会がその歴史の中にジョン・ウェスレイを受け入れること、ルター派教会がカルヴィンやツウィングリを受け入れること、正統主義的プロテスタント教会がフォックスやウールマンを受け入れることなどは一致のために必要な前奏曲であるだけではない。それが一致なのである。過去をそのように呼びもどし解釈することは、ルター、ウェスレイ、カルヴィン、フォックスらや、あるいはこれらの名と結びついた歴史の断片を心象として用いることによってはおよそ不可能である。われわれはフォックスを通してカルヴィンを理解することはできないし、ロードを通してウェスレイを理解することもできない。われわれは他者の、そして自分自身の記憶を理解するためには、より大きな範型、より包括的な仮説を必要とする。その範型をわれわれはイエス・キリストの啓示によって与えられている。彼においてわれわれは、ある人々の罪ではなく人間の罪そのものを見る。彼においてわれわれわれはプロテスタントやカトリックの信仰、ルター派や長老派の信仰ではなく、人間の信仰そのものを見るのである。彼を通してわれわれはわれわれ自身の父祖たちの罪を悔改めることができ、また、現在はわれわれと分離している人々の信仰の篤い父祖たち、罪深い父祖たちをわれわれの父祖として感謝をもって受け入れることができるのである。

人類の再一致の問題は教会の再一致の問題よりも大きい。この問題も記憶を通して取り上げられなければならない。諸国家や諸社会集団とわれわれの間の距離は、われわれの社会的記憶の相違や孤立性、同情の欠如などに注目することによって測られる。逆に一致の度合はわれわれの間の共通の記憶の広さによって測られる。合衆国においても北部と南部とは、地方主義的歴史を回想することを通して現在の無秩序を証拠だてることになるし、また、リー将軍が国家的英雄であり、リンカーンが共通の解放者であるような歴史を通して一致を証言することになる。同様に人類にあっても、さまざまの国家的歴史は憎悪と孤立とが現実にあることの証左であり、共通の記憶は平和の指標である。われわれ人類の歴史は悔改めと信仰の助けなしには改造されることはない。人々が彼らの過去を解釈し呼び起こすのに用いる国家的心象は一致をもたらすのに十分ではない。しかしイエス・キリストにおいてキリスト者は、ユダヤ人もギリシア人もなく、西洋人も東洋人もない一つの人類世界において、人々のなしたことすべてを、そして人々の受けたことのすべてを想い起こし、自分のものとするのである。

啓示は回心の業を完成するのではない。推論する心情は記憶をさぐり、忘れられた行為を明るみにもち出さなければならない。しかし啓示による心象なしにはこの仕事は可能であるとは思われない。

われわれの生ける過去を改造するためには、啓示は理性の侍女である。しかしながら、この比喩は誤解されやすい。この両者の関係は支配と隷属の関係ではなく、不可欠の協力の関係だからである。啓示なしには理性は限界を持ち、誤謬におちいる。理性なしには啓示はみずからを照明するだけである。

心情は過去についてだけでなく、現在についても推論しなければならない。われわれの歴史の中の事件でも、われわれに対して今起こりつつあることや、他の自己との交わりの中でわれわれが今なしつつあることを照明しないような事件は、これを啓示とは呼ばない。内的歴史におけるわれわれの過去が、現在われわれの身に負っているもの、ないしは、現在のわれわれの存在であるとすれば、われわれの現在とはわれわれの活動、われわれのなしつつあること、われわれに対してなされた行為を受けつつあることなどのことである。悪しき想像はわれわれの現在をもおおい隠すゆえに、われわれがなしつつあることも不分明にしてしまう。「父よ、彼らをゆるしてください。彼らは何をしているかわかっていないのです」というイエスの十字架上のことばはあらゆる瞬間にわれわれにも適用しうるのである。われわれはこのことを、われわれの自己充足的な教条主義が粉砕されてしまうような大きな社会的危機に遭遇したときにはっきりと気づかされる。そして、生起しつつあること、われわれが参与していることが、われわれの想像と解釈の範囲をはるかに超えたものであることを理解する。人人や諸国家の狂気の行為、混乱した行動の間に、どのようなものであれ、秩序ある関係を見分けうるような包括的で明晰な人格的思考の範型をわれわれは持っていない。われわれは侵害したり参与したりしながら、また闘争から身をひいたり拱手傍観したりしながら、みずから何をしているのかを知らないでいる。われわれは日を消し時を送り、しばしばさまざまの政治理論、社会理論の嵐にもてあそばれている。われわれの行なうこと、受けることの原因がなんであり、結果がなんであるかは模糊としたままである。

より小規模のわれわれの共同体において、つまり家族や友人の間においてさえわれわれは無知からのがれることができない。われわれは両親として子供に何をなにをなしつつあるのかを断片的にしか知らない。われわれは最も親しい友や夫や妻がわれわれに何をなしつつあるのかを理解しないし、彼らとても同様である。

こうした霧の中を動き回りながら、自己のなすこと、受けることを狭い局面においてでも知的に理解できるようにしようとして心情の想像力を用いる。つまり、国家的問題は国家の平和という範型によって解釈しようとする。ただしここでのこの平和とは、われわれの慣習的行動が乱されないこととされているのである。あるいは光と闇との戦いという古代の心象を用いてわれわれの侵略や防衛を理解したり正当化したりする。われわれはストライキや失業の意味を自分が有利な地歩を確保することや、さもなければ階級の勝利を中心的価値とする仮説を用いて理解する。われわれはフランス革命やロシア革命の心象《イメージ》を、個人の運命に強調点を置きながら、現在生起しつつあることを理解するための補助概念として用いる。国家の平和、両親の権威、母親の愛、友人の忠誠などの理想という範型がわれわれのなしつつあること、受けつつあることの説明となる。われわれの行為を理解したり、あるいは少なくとも正当化しようとするこれらすべての努力において、自己は常に中央にとどまっているように思われる。われわれは自分自身を自分自身によって説明しようとしているのである。あるいはまた、われわれを材料として作った場面によって説明しようとする。キリスト教会においても同様であって、われわれはこの共同体が、教誨という偉大な行為と高貴なる受苦によって世界を救済するものであるとして自分自身を劇化する。しかしそのような範型を用いたのでは、われわれは自分のなしつつあることを証明することはできず、かえってあいまいにしてしまうだけである。

このことは啓示によって与えられるより大きな心象にわれわれの行為を照らし合わせるときに明らかになる。キリストの十字架を通して、われわれは現在の情況の新しい理解を得るのである。これまで無視してきた関係に気づかされ、これまで夢想もしなかった説明がわれわれの行為に与えられることを見いだす。もろもろの行為や他から受けたことなどが有意義な行為として、自己がもはや中心的位置を占めない全体的な構図を作りなすように組立てられ始めるのである。われわれは今や今日の生の悲劇を、壮大な神の支配の意図に沿って、行為から行為へと道徳的必然性をもって継起する、連続的、統一的な事柄として悟り始めるのである。

なによりもまず第一に、われわれの現在を解釈するために、われわれはキリストの生と死とをたとえ話として、また比喩として用いる。学者、パリサイ人は今やペテロの座につき、聖パウロの教会では祭司たちが民衆の扇動者に対して防衛を企てる。弟子たちは銀三〇枚で堕落させられ、両替商人や空しい奉献儀式のために人身御供を売る者たちは、民衆の前で血によごれた手を洗うピラトと共謀する。貧しく心ない兵士たちはもともと自分のではない罪を犯す。裏切りと否認とはあらゆる首都でなされる。その結果、自己欺瞞と不信行為を重ねた果てに、また重大な無知、根拠のない怖れ、心情の悪しき想像などから、盗賊に対してだけでなく、神の子たちに対しても十字架が築かれる。この壮大なたとえ話を用いることによってわれわれは何故今もわれわれのために肉体が裂かれ、何故罪なき者の血がわれわれの罪のあがないのために流されるのかを知る。それは確かに完全に明瞭に知られるのではない。しかし鏡を通して見るようにおぼろげに、今日のわれわれの生の混乱の中に、キリストの業のように、人と神の偉大なる苦悩によって救いの業が進行する範型をかいま見るであろう。われわれが今何をなしつつあるか、また何がなされつつあるのか――つまり、永遠の犠牲の無限の苦しみによってわれわれがいかに断罪され、同時にどのように赦されているか、どのように無限の忠誠がわれわれを悪に対しても虚無に対してもわたそうとせず、われわれが慨嘆したくなるようなねばりをもってわれわれの救いのために働いておられるかを学び知るのである。イエスの物語、特に彼の苦難の物語は、「われわれが今日なしつつあること、受けつつあることはまさにこれである」とわれわれに言わしめる偉大な例証である。

しかしわれわれはこの啓示の契機をたとえ話や比喩以上のものとして用いる。それは理性的な心象なのである。つまりわれわれはそれによって、われわれのなすこと受けることがどのようなものであるかを理解しようとするだけでなく、それらが真実に何であるのかを理解しようとするのだとされる。したがって神学においては、われわれは説教者のようにこの大いなる歴史をたとえ話として用いることをやめ、概念的な用語で考えることに傾いてゆく。この大いなる出来事から、他の事件においても例証されている非人格的な性質を持つ一般的理念を抽象することになる。つまり、原罪とか罪の赦しとか、和解、イエスによって闡明された従順の原理、苦痛の意義などを一般的に語ろうとする。啓示の契機は今やそれ自身が理性的心象というのでなく、道徳的、人格的領域における今日の行為を説明しうる、すぐれて一般性を持つ理念を発見する機会を与えることであるとされる。啓示は教義に集約され、かつ、その教義は、それが初めて明らかになった歴史的事件に言及することなしにも語られうるものと考えられることになる。自然科学においても、重力の法則を用いるときにニュートンその人や彼の生における事件を記憶することは不必要であるように、神学においても、ある歴史的事件によって明らかにされた理念を用いるのに、その歴史的事件を利用する必要はなく、理念と事件とは互いに独立したものと考えられるのである。神学はこのように考えるとき、啓示を偉大な教義や理念の、ある歴史的時点《モーメント》における出　版《パブリケイション》と同定することになってしまうのである。

しかしながら、幾世紀にもわたるキリスト教思想の流れは、この大いなる事件から一般的な理念をそのように抽象するということに、なにか非常に不満足な点があるということ、また、説教者のように劇的心象として用いることのほうが神学者の概念的範型の応用よりも推論する心情の要求に近いということを示している。神学的理念を抽象的に表現しようとしてくり返される努力にもかかわらず、教会は歴史事実の宣述にくり返し帰ってゆかなければならなかった。啓示を「特定の機会の直観」、および他の事件が闡明される概念の受容、という具合に二重に定義することは明らかに不都合である。この特定の機会と他のさまざまの機会との関係はより緊密なものであるし、その概念も観想的理性の非人格的観念の持つ一般性とは異なった一般性を持っている。神学は神の子の身分や罪の赦し、死に至るまでの従順、謙遜あるいはケノーシスを単にこの大いなる事件やその他の事件によっても例証されている一般的理念として語ることはできない。神学は無比の子の身分、無比の従順、唯一の犠牲について語らなければならない。啓示の出来事は単に神と人との行動の大いなる一致を示すだけでなく——もちろんそれもするが——無比の、くり返されることのない範型を提示するのである。こうしたことから神学と教会にとって見せかけのディレンマが生じてくる。つまり、啓示とは、一つには、われわれの現在の人間世界を、そこにあるさまざまの関係、さまざまの行為、もろもろの受苦などにおいて理解する一般的な観念を意味するものとされる。そのときには啓示は一つの事例ではあっても、われわれの記憶の中の歴史的事件ではなくなってしまう。他方、歴史的事件を意味するとすると、啓示は比喩的に、ないし、たとえ話としてしか現在の経験を説明できなくなってしまうと考えられるのである。

しかしながら、このディレンマはわれわれの扱っているもの、われわれが理解しようとしているものがわれわれの歴史であって、そこでは行動の一貫性を見いだそうとしているのではなく、持続における統一の原理を求めているのだということを想い起こすとき、根拠を欠くものであることがわかる。さまざまの事件にくり返し現われる特徴を描写する概念はわれわれの生の外的観察にとっては必要でもあり、われわれは内的な想像を批判検討するためにしばしばその外的観想に立ちもどらなければならない。しかし、われわれの歴史における理性の真の仕事は人格、共同体、価値などとの関連でわれわれのなしつつあること、受けつつあることを理解することである。この歴史において時間は持続であり、反復不可能という性質を持っている。ここではわれわれは過去に見られたさまざまの特徴が現在どのようにくり返されているかを理解しようとしているのではなく、われわれの現在がわれわれの過去からどのように生長し、未来に向かってどのように生長しているかを理解しようとしているのである。旅の途上にある者は、彼のなしつつあること、道がどこへ向かっているかなどを知ろうとして、過去に出会った似たような情況や、またそれらから一般的観念を抽象することなどに依るようなことはしない。たしかに概念的知識は、羅針盤を用いたり太陽の位置を調べたりするときのように、役に立つこともある。しかし、そのような一般的知識は、彼の目ざす都市の位置や、彼の今いる地点と集落との関係、そして彼自身の目的、怖れ、希望との関係などについては何事をも理解させない。彼の現在の情況を理解するには、彼が旅している、彼自身のだれに倣ったのでもない領域の地図が必要である。彼が何処よりきたり、彼固有の旅の方向が奈辺にあるのかを思い起こさなければならない。彼は独自の心象の助けを得て推論しなければならない。ただしその心象も頭の中で作られたものである。われわれが現在のわれわれの情況やわれわれのなしつつあることを理解するために用いる啓示は、その地図にあたるものであって、しばしばくり返される単語の意味を調べるのに用いる辞書のようなものではない。

　われわれが啓示の契機をわれわれの現在の経験を理解するための理性的原理として実際にどのように用いるのかを明らかにするために、ほかにもいくつかのたとえ話を用いることができる。啓示とは、家の歴史の流れを一日に一つの場所で起きる出来事を通して理解可能にしてみせる古典劇のようなものである。あるいはまた、友人の間の共同の生における決定的瞬間のようなものである。緊急時に直面して、人はそれまで隠してきたことを露わにするような行動をとるかもしれない。そのような啓示的瞬間《モーメント》を通して、彼の友人は、それまでよく理解できなかった過去の行動を理解し、その啓示者の未来の行動を予想することができるようになる。しかし啓示の瞬間《モーメント》は以前には隠されていた、行動の不変の特徴を露わすだけではない。それは人々の間に新しい関係を導入したことになり、それは彼らの歴史における類のない瞬間《モーメント》であり続けることになる。友人間の対話がふたたびこみいってきて、互いに相手を理解できなくなることもありうる。そのような情況において彼らは、互いのことばを定義しようとするだけでなく、彼らの対話の決定的地点にまでもどり、その最初の地点からふたたび考え直そうとするであろう。同様に、啓示によってわれわれの現在の経験を解決しようとするとき、人と神との対話の決定的な地点にもどり、そのうえでその初めの地点からの連続として現在を理解しようとするであろう。神の戒命の内容や神のことばの意味を解説している律法書や辞書も役にたつであろうが、われわれが現在何をなしつつあり、どこにいるのかを理解しようとする試みにおいては第二次的な重要性しか持たない。無比の歴史的契機《モーメント》から引き出された概念や教義は重要ではあるが、その出来事そのものほどには照明力を持たない。そこで啓示されるものは神の行動様式ではなく、神の自己だからである。

われわれはわれわれの人格的生がどこから来たり、今どこにあるかを問うのと同じく、どこへ向かっているかを知ろうとして心情において推論する。内的歴史における過去がわれわれの現在の存在であり、現在とは今われわれのなしつつあることであるとすれば、われわれの未来とはわれわれの可能性のことである。啓示を通してわれわれは今は潜在的であるがいずれ表面に現われるところが何であるかを見いだそうとする。そして、われわれの罪を照明する啓示はわれわれの死、自己の死および共同体の死を預言する。偽りの預言の矮小な欺瞞に満ちた範型《パターン》は常にわれわれが、そしてわれわれの共同体が不死であり、われわれの自己の価値は死に絶えるにはあまりに偉大であり、われわれ選ばれた民の価値もきわめて広大であって永遠に続くことを保証する。しかし啓示の光のもとではわれわれは終末を見る。なぜならわれわれは現在の中に終末の始まりをかぎつけるからである。旧約聖書の真剣な預言者のうち、だれもかつて彼の祖国に対して、患難ののちに来たるものでない限り、永遠の喜びを約束したことはない。それと同じく、人間の運命を理解するためにキリストの十字架を用いた新約聖書の真剣な預言者のうちひとりとして、人々や社会に対して、審判を伴わない不死を預言したことはなかった。われわれの生にカタストロフが内在することをできうる限り明らかに示すことが、古代のあらゆる時代においてもそうであったのと同じく、われわれの時代においても、啓示を用いる推論の機能である。

しかし、啓示の出来事の光の中にキリスト者はいま一つの可能性を見る。それはキリスト者自身に内在するという意味での可能性ではない。それは歴史的事件の中にみずからを生と死の主として啓示できる人格に可能なことである。それは新しい自己、別の自己の復活、新しい共同体、再生した残れる者の復活の可能性である。

以上のように心情は啓示の助けによって推論する。すべて推論することは苦しいことであり、特に自己の知識に到達する推論は苦痛に満ちている。キリスト者共同体においてわれわれはこの啓示を忠実に利用しようとせず、無数の工夫をこらして自己を理性的に理解することを回避しようとする。つまり、信条によって得られる知識以外にわれわれに必要な知識はないことを保証する教条主義や、およそ物事は知的には理解不能であるとする懐疑主義などによってわれわれの記憶や行為を照明し改造する必要性を逃れようとする。また時には、啓示があたかも歴史的、心理学的探索の労をもはや不必要とするほどに十分な真理をわれわれに与えてしまっているとみなしたりもする。またあるときには、啓示は人間の理性になんの基盤も提供しないとして、啓示を捨ててかえりみないというようなこともする。根本主義《ファンダメンタリズム》も歴史的には無数の形態をとってきたが、啓示からの逃避の道の一つである。近代主義《モダーニズム》もさまざまの意見の数だけの仮面をつけて現存しているが、これも生に対して現在の瞬間にまつわるなんらかの短かく狭い観念を適用することによって啓示から逃避している。主情主義《エモーショナリズム》も些細な主張のために、怖れや怒りや憐憫をあおり立てるデマゴギー的なからくりに啓示をおとしめている。キリスト教劇の登場人物たちは、人種主義的、国家主義的、教会主義的想像力の子供じみた悪意の茶番劇を演ずることさえある。しかし啓示はそのような非理性や不条理の源泉ではない。理性的な道徳的生の基礎として啓示を用いることを拒否するとき、われわれはみずから愚劣なものとなってしまうのである。

第三節　漸進的啓示

実践理性に過去、現在、未来の歴史解釈の出発点を与える啓示が実際に妥当適切なものであることは漸進的に証明される。啓示を出発点とする推論によって過去が理解され、発見され、統合されることがはっきりしてくればくるほど、今日の経験は明るく照らされ、新しい情況に対する応答も心情のこの想像力によって適切に導かれることになる。また、この真理に基づいた預言が成就すればするだけ、啓示の事実に対するわれわれの確信も深まることになる。ほかの多くのことについてもそうだがこの点に関してもキリスト教の啓示はユダヤ教の啓示に似ている。預言者たちは、彼らの時代の諸国の行動の中に、またその行動を通して神が行動しておられることを、主がイスラエルを奴隷のきずなから解放された力強い業の反復として、あるいはその継続としてとらえることによって、理解したのである。また祭司たちは、ユダの歴史だけでなくイスラエル全体の過去が、またイスラエルだけでなく全人類の過去が一つの過去として、また神の救いの業の準備の一つとして見えてくるまで、歴史を再構成していったのだった。また先見者たちは、惑星の動きを観測したり、神秘的な数字を計算したりすることによらず、ただ罪深い国々と義にして神聖な神との関係の中に潜在的なことを露呈させることにより、不思議なほど正確に来たるべきことを預言したのであった。啓示の妥当性が証明されただけでなく、すべての新しい事件、すべての解釈された記憶が啓示の部分部分となっていったのである。すべての事件の中に同一の主が現われ、人々に知られていったからである。つまり、啓示に基づく歴史が啓示の歴史となったのである。

教会で語られる啓示についても事情は違っていない。それは個々のキリスト者の生の中で、次々に新しい事件がその光のもとにもたらされ、苦しみや罪、憐れみや喜びがその助けで理解されることによって、漸進的に妥当性の証明がなされてゆくのである。啓示はこの方法で幾世代にもわたって検証されてきたが、啓示が人の魂を浄化し改造するのに成功してきたということが、啓示がわれわれの間で大きな与望をになっていることの一つの原因である。さらに、そのような妥当性の証明は基礎的原理の証明以上のものである。啓示の契機が明晰にしたすべての事件はある意味で啓示の契機の反復および継続だからであり、したがってキリスト者は第一の世代が去ってしばらくしてからも次のように言うことができたのである。「太初《はじめ》より有りし所のもの、我らが聞きしところ、目にて見し所、つらつら視て手触りし所のもの、即ち生命《いのち》の言につきて……我らの見しところ、聞きし所を汝らに告ぐ、これ汝等をも我らの交際《まじわり》に与《あずか》らしめん為なり。」

啓示による方法の応用の仕方に多くの失敗のあったこと、永い期間にわたって、キリスト教の推論する心情が昔からの解釈に満足したままであったこと、あるいはまた、生ける神の啓示という観念そのものが、神と人とについての教会の因習的な主張に啓示を限定しようとする努力のうちに失われてしまったことなどは否定すべくもない。近代にもあたかも福音は他から隔離された場所での神との交わりにある人々にのみ適用されるものであるかのように考え、啓示による方法を社会史や共同体の歴史に適用することをためらったことがあまりにもはっきりしている時期があった。したがって共同の生は、包括性において劣った心象、しばしば悪しきものでさえある心象によって解釈された。特に社会的福音は、ほとんど社会に対して善と悪との闘争という貧弱な心象しか提供できなかったのである。その心象においては勝利は恩寵によるのでなく功績によるのであり、神の子の苦しみも罪深い社会に対する赦しを持たないのである。しかし、教会がこの方法を用いることに失敗したとしても、この方法に欠陥があるのではない。事実、教会が啓示の契機を真実の啓示であると確認したときとは、人の生のすべての事件を神の救済の業という大いなる心象によって継続的に、また漸進的に解釈することにかりたてられたときであったのである。ことにわれわれの時代においても心情の悪しき想像を持つ人々によってなされたあからさまな破壊活動によって、キリスト者は啓示に基づく推論の方法に追い返されているのであり、またこの方法を実際に用いるに当たっても、それが現代の生を照明することができるという確固たる期待だけでなく、イエス・キリストにおいてご自身を顕わされた審く神、愛の神ご自身が現在も行動しておられるという新しい確信を与えられているのである。

啓示が漸進的であると言っても、イエス・キリストの啓示の契機をわれわれの歴史におけるなにか別の契機と代替し、後者によって前者を解釈しうるという意味で漸進的なのではない。修道院運動、宗教改革、近代の大衆伝道と社会的福音などは、新約聖書をそれらによって理解できるという意味で新約聖書よりも進歩したものと言うことはできない。ベネディクトやルターがキリストによって解釈されなければならないのであって、その逆ではない。近代の文明と近代の人間の生とは、イエス・キリストの父の側からの活動の一場面としてみなされなければならないのである。逆にイエスを近代文化の神の子として理解しても正しく理解することはできない。にもかかわらず、啓示は、持続する動きの中で常に新しく起こってくる人間の情況、つまり神と人との活動の単一の劇を解釈し再構成するためにその意味と関連づけられたときに限り、理解されるという意味で動くものなのである。つまりご自身を啓示された神はご自身を、あらゆる時代のあらゆる場所に対する神として啓示し続けられるのである。

今一つの多少異なった意味で啓示を漸進的と言うことができる。基礎原理とはそこから第二、第三の事物へ歩みを進める出発点であるだけではない。それはわれわれの現在の経験の多様性から出発して向かうべき終着点でもある。われわれの概念的知識においては、理性から経験へ、そして経験から理性へとわれわれは往復する。そしてこの頭脳の弁証法によってわれわれの経験が照明され、方向を与えられるのと同様、われわれの概念も内容が豊かになり、明晰になり、また訂正されてゆく。われわれは基礎原理を簡単に変えることはせず、かえってそれが何を意味するかをより十分に発見してゆくのである。経験から頭脳のカテゴリーに帰ることによってわれわれが何を考えていたのかをより明晰に知ることになる。心情の論理も同様の弁証法を持っており、心情は啓示の中に何があるのか、かの照明の契機に何があるのか、を啓示から現在の経験に行き、ふたたび経験から啓示に帰ってゆくことなしには、本当に知ることができない。その過程において啓示の意味、その豊かさ、力強さなどは漸進的に明らかになる。啓示のこの漸進的理解はまた無限の過程である。ホッキング教授はその著『生と死についての想い』の中で、「偉大なるものの臨在によってうたれるということは、それを自分のうちに取り込むことではない。山はその巨大さの印象を直接には与えない——山はその大きさをかくすために距離の錯覚と共謀する。したがって、歩いてみて、また登ってみて初めて、その大きさを知ることができる」と書いている。われわれの住む、陰となった谷を見渡すためにわれわれは啓示という山に登り、また谷からその山を仰ぐ。苦しい旅を重ねるごとに新しい理解が得られ、そのうえに、新しい驚きや奇観をも発見する。この山はわれわれがかつて登ったことのある山というのではない。それはよく知られてはいるが、われわれはその山を完全には知っていない。それは新しい世代がすべて、新しい日を迎えるごとに登り直さなければならないのである。人間の歴史においては、どの時代にせよ、いずれの地方にもせよ、また、教会の過去にも「啓示による知識はここで得られる。啓示は隈なく知られた」と言いうるときはどこにもないし、そのように言えるどのような教義体系も哲学も神学もない。啓示は漸進的であるだけでなく、啓示に接した人々に対して、推論するキリスト教的心情の終わることのない天路歴程に出発することを要求するのである。

第四章　神の神性

第一節　神の自己啓示

キリスト者共同体において啓示が何を意味するかを明らかにしようとするわれわれの試みは、まず立脚点を限定し、次に歴史的文脈を叙述し、さらに歴史における不分明な部分に光をあてる明るく照らされた部分へと段階的に進められてきた。われわれが啓示というとき、それはわれわれの思考を規定する何事かが起こったこと、またわれわれが何者であるのか、われわれの受けつつあること、なしつつあることがなんであるのか、われわれの可能性がなんであるかを知ることを可能にする何事かが起こったということを意味する。ばらばらで物言わぬ事実が啓示の事件を通して互いに関連づけられ、知的に理解できるものとなり、雄弁な事実となる。啓示が実践理性に適切な出発点を与える程度に応じて啓示の妥当性が証明されるといえるであろう。

しかし、啓示の理性的価値がその根本的価値ではないし、心情の推論における妥当性の証明が根本的な妥当性の証明ではない。われわれにとって啓示とは、たといどのように大きな仮説であるにしても、暫定的仮説が与えられたこと、そしてこの仮説が受け入れられるには、それが良い結果をもたらすことによって妥当性を証明しなければならないというようなことを意味していない。またわれわれの歴史のある一部を、それが他の部分を意味あらしめることができるからという理由で、自由に選んだということでもない。われわれがいうところは、われわれの信仰を強いる何事かが起こったということ、われわれの歴史の全体に理性的一貫性《ラショナリティ》と統一性《ユニティ》を見いだすことをわれわれに要求する何事かが起こったということなのである。啓示とは神の国のようなものである。まずそれを求めれば、他のすべてのものは与えられるが、多くのものを得んがために啓示を求めるとすれば、そのとき現実には啓示を否定することになるからである。神の国はその固有の価値によってみずから神の国であることを証しするだけでなく、第二次的な善に人々を導くことによっても神の国であることを証明する。それと同じく、啓示はそれが本来そなえもっている真理性によってみずから証しを立てるだけでなく、人人を多くの真理に導く能力によって実在者の啓示であることをみずから証明する。しかし啓示の根本的価値は、神の国の場合と同じく、本来固有のものであり、われわれが啓示から出発するのは、それが多くの知識に導くからではなく、それが真理そのものだからである。デカルトが、彼の信じていたほとんどすべてのことを疑わざるをえなくなったとき、彼は頭の中で、考える者としての彼自身の存在という一つの定点に立ち帰ったのであった。この確かさから推論を始めたとき、以前は不確かであった多くのことが明らかになるのを発見したのであったが、しかし、彼の存在の確かさはそれが導き出す結果に依拠しているのではなかったのである。「われ思う、ゆえにわれ在り」という主張は、ほかのことについて考える出発点を与えるという奉仕をすることによってその妥当性が証明される以前に、すでに妥当性を持っているのである。啓示についても同様である。そうでないとすると、われわれの歴史についてのわれわれの推論において、啓示を用いて導き出した知識についてわれわれは永久に確信を持てないであろう。自己の運命についてのわれわれの推論において、われわれは経験に照らして廃棄したり修正したりしなければならない仮説を用いることがある。神学体系や啓示の理論はそのたぐいである。しかしそのような仮説の背後には、可能な批判すべての基盤であるがゆえに批判の対象にならない確信がいくつかある。それは自然科学においても見られることである。自然科学はみずからを解消することなしには自然の知的把握可能性と統一性とに対する信仰を捨てることはできない。また事物の間にある特定の型の数学的関係を破棄することはできても、すべての現象には数学的関係を見いだしうるという確信も捨てることができない。啓示についても、われわれの歴史において根本的な確かさを持つものとして常に帰ってゆける何ものかを考える。それはわれわれの Cogito, ergo sum. である。ただしそれも逆に「われは思われている、ゆえにわれは存在する」、あるいは「われは信じられている、ゆえにわれは信ずる」と言い直されなければならない。したがってわれわれは、啓示のみずからを立証する内容がなんであるのか、またそれが歴史的事件を通してどのようにわれわれに来たるのかを問わなければならない。これまでのわれわれの定義はこの啓示ということばの意味が求められる文脈の粗描であり、意味を持った成句が実際にその意味を表わすことのできる文脈の粗描であった。われわれは今や、できるだけ正確にこの光源やことばの意味、およびこの光とことばのみずからを立証する性質などがなんであるかを指摘するために、この明るく光る事件、知的理解可能なことばに集中しなければならない。

この努力を始めるに当たってわれわれは、歴史と信仰とにおいてわれわれの占める相対的立脚点を想起する。われわれは、人類共通の経験から得られる人類共通の確かさを叙述しようとしているのではないのである。しかしまた一方で、われわれは私的かつ神秘的な確かさを求めているのでもない。そのような確かさはわれわれの共同体の批判、つまり、同一の立脚点に立ち、同一の方向に同一の実在者に向かって個人として見つめているすべての人々による批判の対象にはならない。われわれの究極的確信においてまちがっていないという確かさは社会的補強なしには得られないし、また、われわれの歴史と信仰とにおいて求めている実在者とは異なる実在を、われわれとは違う視点から違った方向に見ようとしている人々と相談することによっても得られない。確かさは、直接的知覚と社会的補強とから育つのであって、このどちらか一方だけから育つことはない。われわれはまた、啓示を定義することは歴史的なキリスト者共同体の任務であり、われわれはその共同体の生における限界を持つ点に立っているということをも思い起こす。啓示を定義しようとするわれわれの努力は過去にあった問題との苦闘から育ってくる。そしてそれは現在における他の多くの努力と並ぶ一つの努力であり、終わることのない対話として将来の局面へ移っていく。啓示の中心的要素の現在での定義は歴史神学によって過去の神学、ことにその古典的源泉である聖書に内在的なものであるかどうかが検証されなければならない。また、神と人と人の運命とについてのキリスト教的推論をこの出発点から展開する組織神学によっても検証されなければならない。さらに、啓示のさし当たっての定義を出発点としたときこの世の行動がどこまで理解でき、キリスト教的応答がどこまで導けるかを知ろうとする道徳神学によっても検証されなければならない。何にもまさって、われわれの検証は実践的なものである

――啓示のさし当たっての定義を中心に形成され、改革された礼拝において、なされる説教、またわれわれの定義において打ち出される確信からなされる説教によって検証されるのである。啓示がもし真実にわれわれの共同体の生における根本的なこと、われわれの思想と行動における出発点であり、また常に帰って行かなければならない点であるとすると、いかなるキリスト者にしても、いかなる時代においてもこれ以外の方法で啓示の絶対的普遍的意味を定義することはできない。

これらの限界と関係とを念頭におきつつ、われわれはこの中心的事件に対して「われわれの歴史におけるこの明るく光る点について、われわれにとって確かなことはなんであるのか、またそれはどのようにして確かになるのか」という問いをもって集中する。われわれはこの問いを概念的思想の用語に直して、「この事件についてのわれわれの記憶から育ってくる打破しがたい確信の中心的理念はなんであるのか、あるいは、この歴史的事件の厳臨する前でわれわれに伝達され、われわれが直観的に得る、議論の余地のない命題はなんであるか」と問い直すこともできるかもしれない。しかし、理念とか命題とかという用語はここで用いるには適当なことばではない。われわれの実存情況、歴史の中に生きる信仰の視点等を受け入れることによってわれわれが携わりうる啓示の意味の追求の全道程について最も重要なことは、人格に関する用語で考え、語らなければならないということである。われわれの歴史においてわれわれは自己を扱うのであって概念を扱うのではないのである。ここでのわれわれにとって普遍的なものは事件の構成要素中の外的な物件ではなく、個々の機会に活動している永遠の人格的諸個人なのである。こうした参与的知識におけるわれわれの公理は物件間の関係についての自明の確信ではなくて、人格と人格の間における根本的で不滅の関係についての確かさである。したがってわれわれは先の問いを次のように問い代えなければならない。「啓示の事件において われわれはいかなる人格に出会うのか、また啓示の臨在において人格関係についてどのような確信がわれわれの揺らぐことのない原理となるのか。」

　このように問うとき、われわれはこの歴史的事件を問題にするとき、何故発見とか幻とか言わずに、初めから啓示と言わなければならなかったのかを理解する。人格ないし自己に関する知識に対して正当に用いられる唯一の語彙は「啓示」である。われわれが他者の人格について持つ知識は、外的に考察されうる物件についての知識とは、それが現実の異なった局面に向けられている点で違っているだけでなく、用語の点でも違っている。客観《オブジェクト》的知識においては自己だけが活動している。自己が認識する。自己がその頭の中に持っている概念や仮説を客体《オブジェクト》にあてはめようとする。実験においては自己が対象《オブジェクト》を操作する。評価するときにも、自己は自分自身の評価基準を用いる。認識しようとする者のすべての意図、目的などに対して客体《オブジェクト》は受動的なもの、死んだものである。このことは、客観的知識が人間個人や共同体に向けられた場合でさえも真実である。このような科学によっては、人間の身体は他の動物の身体と本質的に異なったものとはみなされず、また動物の身体も無生物と完全に異なるものとはみなされない。客観的方法の真髄は、無機物が有機物に、生命的なものが知的なものに、知的なものが倫理的なものに、それぞれ変遷していく点においていかなる神秘も不連続も措定しないことを要求する点にある。運動の規則性を発見するための方法であれば、それを原子の運動の中に発見するための方法であれ、思想の動きの中に発見するものであれ、それらの方法の間に種類の相違を認めないのである。時空における極微の事件は、それが人間の頭脳の中で起こるものであれ、宇宙において荘厳雄大な規模で起こる事件と種類が違っているとはみなされないのである。知識の客観的な方法においては、認識者が行為者である。彼が問い、答えを要求する。彼が答えを判断する。この認識者も本質的には非人格的である。彼は自分自身について「われ思う、ゆえにわれ在り」と真実に言うことはできない。むしろ「われの中で思惟が展開してゆくが、この物件に対してわれと同じ関係を持つ、いかなる頭脳の中でも同じ思惟が展開するであろう」と言わなければならない。そのような科学には無私の態度が要求される。ここで無私の心とは、人格的関心のすべてを、物件間の究極的関心とともに払拭することを意味する。

自己についての知識においては知る者と知られる者との関係も用いられる用語も違っている。知識は主体から客体に向かって流れるのではなく、他者から自己へ、そして自己から他者へと流れる。われわれは知られることなしには知ることはできない。われわれ自身がまず知られることなしには行為者となることはできない。われわれを知ろうとする者を知るということは、われわれを知ろうとする認識活動によって、自分自身を啓示する他者のその活動から出発することである。われわれの側からのどれほどの主動的働きかけ《イニシアティヴ》も他者の隠れた自己活動を露わにすることはできない。自己はアメリカ大陸がコロンブスによって、秘訣とあて推量の方向へ航海して発見されたような具合には発見されない。この新しい大陸がわれわれのところまで来るのでなければそれは知られないままである。ここではどのような演繹法も帰納法も確かさに導かない。他の自己についての知識は受容され、応答されなければならない。応答のないところに知識のないのは当然であるが、しかしここではわれわれの活動は第二義的なものであって、第一義的なものではない。人はその愛する者を知るためには、いかにみずからの愛の働きかけをしてもむだであり、また憎む者を知ろうとしていかに憎んでみてもむだである。愛する自己、憎む自己がみずからの自己を――目や肉体の仮面をつき破って――啓示しなければならない。単なる好奇の目をもって見つめられるとき自己は無限の彼方へ退いてしまうのである。自己はその活動においてのみ知られる。マルティン・ブーバーはこの客観性偏重の時代のどの思想家にもまさって、この関係をその重要な著作『われとなんじ』において分析して見せている。「なんじは恩寵を通してわれに出会う――捜すことによって見いだされるものではない。なんじがわれに出会いたもう。しかしわれがなんじとの直接の関係に歩み入るのである。したがって関係とは、選ばれることまた選ぶことであり、受けること即活動することという統一である」と彼は書いている。このようななんじとの出会いによってわれは変えられる。他の自己によって知られた自己、したがって、その他者の目を通してみずからを知る自己は、思惟の非人格的プロセスというようなものではない。それはある特定の性格を持った人格、まさにこのかけがえのない自己である。それはまた自己の活動の背後に無限に退くことのもはやできない自己であり、他者の認識活動の中にとらえられ、しっかりと保たれている自己である。他者によって知られ、その結果自己認識を持つことのできた自己は献身的自己《コミッテッド・セルフ》である。他者とのそのような出会いはわれわれの歴史における事件であり、それを通してわれわれはわれわれが何者であるかを知ることができるだけでなく、真実のわれわれになることができる。受肉した自己との出会いは、理想的な仲間や敵などについての、前後の関連性を欠く推量や恐れ、夢や希望などとは次元を異にする種類の事件である。そのような出会いのあとでは、われわれはそれ以前のままの自己存在にふたたび帰ることはできない。

われわれの歴史において、決定的な事件から得られる知識はこの次元のもの、ウナムノによれば肉と血とを持った人間にとっての知識、あるいは、より観念論的表現に移せば、精神的自己の知識、であるがゆえに、われわれは啓示について語らなければならないのである。しかし、われわれの歴史においてみずからを啓示することにより、われわれの自己としての生の全体に知的理解可能な統一性を求めることをわれわれに強いるのはいかなる人格であろうか。

通俗的神学においては困難な問題や究極的な問題をとりあげることをしないが、そこではこの問いに対する答えはイエス・キリストの人格ないし人間の人格一般に関連して与えられる。イエスの生きられたかの歴史的情景からわれわれが引き出す中心的な確かさは、人格とは無限に価値あるものであるということ、あるいは、イエスは従ってゆくに足る人物であるということであると言われる。これら二つの答えのうち後者に関連して、われわれは近代の信仰の特徴である、イエスの歴史的人格の強調、およびイエスの人格的服従の顕揚を想い起こす。初期のキリスト者の多くにとってもこれと同じく、イエスは神（god）にすぎなかったであろう。また彼らにとっての確かさは単純にこのこと——彼らは自分を完全に献げることのできる人格、そして彼らを人格とみなしてくれるひとりの人格に出会ったということ——であっただろう。

このような考え方および説教においては、イエスの教えよりもイエスの人格的影響の重要性をより強調するのである。そこでは、イエスは生命そのものであって、生命についての多少独創的観念をわれわれに与えた人ではないと言われる。キリスト者の生は、信条や律法を受け入れることによってではなく、彼との交わりを通して人格となってゆくことをその内容としている。この考え方が真理性を持つことは、それが信仰における人格性の特徴を保持していることの中に明らかである。さらには、それは教会やキリスト者の歴史的性格をとにかく見失わずにいるのである。しかし、そのプラグマティックな価値にもかかわらず、啓示をイエスの人格によって定義することが適切でないことは明白である。そこから生じて来る問題は解決のしようがないのである。われわれはどのようにしてわれわれの記憶の中にしかいない人物と交わりを持ち、われわれの記憶の外的身体である記念碑、書物、文章などの中にしか存在しない人と人格的交わりが結べるというのであろうか。文字や文書は現に生きている精神を具体的に表現する身体の一部でないとすれば、どのようにして人格的生の媒介となりうるのであろうか。こうした問いをつきつめてゆくとき、われわれが交わりを結びうる生きた存在とは、実はイエスの教会ないしは教会の精神であるということにならざるをえない。教会はイエスの人格が完全に受肉したものとされ、信仰はこの共同体自身に向けられるようになる。われわれの歴史の決定的な点で啓示されたものはイエスの人格ではなくして、教会の交わりであったということになる。この考え方をさらに発展させてゆくと、われわれの歴史におけるイエスとは教会の象徴的代表者であって、教会が創りあげたものということになってしまう。イエスの死と復活の物語と同じく彼の生の物語も、また彼の終末論と同様、倫理的教えも、初代教会の精神の表現とみなされてしまうのである。しかしここには大きな不幸が待ちかまえている。非キリスト教的共同体の自己崇拝は共同体の自己宣揚が、他者をも自己をも破滅に導く、心情の悪しき想像であることを強く警告している。それ以上に、この決定的な歴史的事件の中心的意味のこの解釈が正しいとすると、われわれの歴史においては啓示はまったく起こらず、共同体の自己理解のみがあったのだ、ということになるのは明らかである。そしてそのような自己の知識はきわめて不確かなものとしてとどまるであろう。このような知識は外からだれが見ても他の人間集団と同じく信頼のならない一つの社会がその社会の愛と善良さとを自賛しているにすぎないからである。

史的イエスに対する集中が教会に対する集中に変わっていってしまうという傾向は、啓示をイエスの自己開示とする定義が理性的にも倫理的にも不十分であるという事実を示している。イエスの人格的価値についての確かさは、それ以前になんらかの確かなことを持っていない限り、劣弱かつ不確かなものとなってしまう。イエスの運命はわれわれも知っている多くの人々の運命と同じであった。彼は死んだ。その死がわれわれにとって大きな価値を持った者の死であるだけに、他の人々の死よりもいっそう幻滅をひき起こすものでさえある。もしわれわれの持つ最終的なよりどころ、確かさが、彼は最も偉大な人間であったということにあるとしても、われわれはこれ以上の確かさを持つことができるであろう。つまり、結局のところ、人間はこの世界の現実の構造の中には属してはいないこと、自己意識は幻想にすぎないこと、われわれの内的生のすべて、他の自己を感ずること、人格的価値の感覚、われわれの持続の感覚などはなにか永続的なものの指標ではないこと、などの確かさである。そこでわれわれは、外的な見方は確実な法則によって機能する事物について可能な知識しかわれわれに与えず、したがってわれわれは、イエスのことなどなんの気にもかけなかったのと同じくわれわれをもなんの気にもかけない巨大な非人格的宇宙に頼って思惟を進めなければならない、と結論しなければならない。またわれわれは、われわれの人格的存在の説明をあれこれのエゴイスティックな想像あるいは共同体の想像によって求めることがまちがっているというだけでなく、そもそも自己の存在にはなんらかの意味があると信ずることがまちがいであると結論せざるをえないのである。確かさをイエスの価値ないしはイエスの人格によって初めに定義してからは、その後にいかなる道をたどったとしても、その道はイエスについての不確かさおよびわれわれについての不確かさで終わっているのである。

次に、キリスト教の中心的確かさは、人間の自己が無限の価値ないしは神聖なる価値を持つという確信であると言うとしても、上述の場合と同様の結論にたどり着かざるをえない。もちろんこの言い方は限定つきで正しい。しかしそれが個々の人間は内在的価値を持つ、という一つの定理とされるとき、それはまったく偶像崇拝的、自己神格化的な信仰の告白、心情の狂気の想像であるか、あるいはまったく漠然としたあいまいなものであるか、どちらかでしかない。人間の無限の価値についての定理は、無限の存在者があって、それに対して人間の価値があるとされるのでなければ自明のものであるとは言えない。ただしここで価値が作用力《ヴァレンシー》というのであればこの定理は真理ではない。この非人格的事実の広大な世界において自己の弱さほどに明らかなものはないからである。またもしこの無限の価値とは価値判断をする頭脳の要請であると主張されるとすると、価値判断をする自己とその要請のこの世界における弱さが視野の前面に立ちふさがってくるであろう。事物を扱う頭の推論においては、事実《ファクト》の世界における理性的一貫性への要請は、もし客観的実在《リアリティ》がそれ自身の理性を、頭の理性に対応して啓示し、これを教示するのでなければ、ただちにつき崩されてしまうような永久に不確かな要請である。純粋理性は、それをわれわれ自身のうちにあるものとしてしか知らない場合にはその価値をささえていることはできなかったし、客観的理性が存在しない場合にはその誤謬に満ちた歩みから呼びもどすこともできなかったのである。同様に、人々の抱く人格的価値の感覚もすべて虚しいものであり、特に個人個人がそれぞれに抱く感覚は、彼らを超えたものと合致させられたり、訂正されたりするのでなければ、誤ったものとしてとどまるであろう。魂の無限の価値を認めるということが啓示に随伴するというのは正しい。しかし、その事件においてなにか他のもの——それとの関係ですべての魂が価値を与えられる無限の自己——が与えられるのでなければならないのである。

われわれが啓示というときには、かの歴史的事件における、イエスや自己よりもさらに根源的かつより確かなことをさすのである。啓示とは神を意味する。われわれの歴史を通して、われわれを知る者として、われわれの創造者として、われわれの審判者として、また唯一の救い主としてみずからを顕わす神を意味する。ヘルマン教授は書いている。「すべての啓示は神の自己啓示である。いかなる告知であれ、その中にわれわれが神を見いだすことができさえすれば、それを啓示と呼ぶことができる。しかし、神が疑う余地なくわれわれに触れ、われわれをとらえたとき、そしてそれによってわれわれが完全に神に自分自身をゆだねたとき、そのときにのみわれわれは神を見いだし、神を持つことができる。……神はわれわれを完全に、ご自身に信頼させることによってみずからを啓示される」(『啓示の概念』一八八七、一一頁)。歴史学者のひとりも、聖書における啓示の意味を調べて同じように要約している。「啓示とは超自然的知識の伝達ではなく、また畏怖の感情を刺激するものでもない。たしかに啓示は知識の成長の機会となるであろうし、また神の啓示は必ず宗教的感情を伴うものである。しかし、啓示はそれらのもので成り立っているのではない。それは神の特異な活動のことであり、ご自身を隠すかたであることを露わすことであり、交わりにおいてご自身を与えられることである」(『新約聖書神学辞典』第三巻、五七五頁)。

啓示とは、それによってわれわれが初めから終わりまで知られている者であることを自覚する、われわれの歴史における契機《モーメント》を意味し、またわれわれが認識者によってとらえられる契機を意味する。つまりそれはかの永遠なる認識者の自己顕示を意味するのである。啓示とは、人間の生の暗闇と虚空の中にだれかがいることを知って驚かされる契機を意味する。つまりそれはわれわれの闇の中での光の自己顕示を意味するのである。啓示とは、他者を審く自己が、自分自身によってでも隣人によってでもなく、心の最奥底を知っている者によって審かれていることを発見する契機のことである。つまり啓示とは審判者の自己顕示を意味するのである。啓示とは、われわれを価値判断する者としてではなく、価値判断されるものであることを見いだすこと、またわれわれの価値感のすべてが普遍的な価値判断者の活動によって変革されることを意味する。われわれの額に、われわれの胸算用とは違った価格をつけられたとき、われわれがほかの事物に公正であると考えてつけた価格の不公正さが暴露されたとき、神の大いなる富がわれわれの豊かさを貧しさにおとしめたとき、それが啓示なのである。もはやわれわれが神のことを考えているのでなく、神が初めにわれわれを考えていたということを発見したとき、それが啓示である。啓示とはわれわれが熟練した詮索好きな理解力の対象として見ていた外的な衣服や身をつき破っての人格の顕現のことである。啓示とは、共同体内のわれわれひとりひとりに低くおおいかぶさっていた運命が、われわれの共同体内のひとりの人格であったことを、われわれの共通の歴史において啓示することを意味する。このことがわれわれにとって何を意味するかを表現するためには、信条やその他の命題のような非人格的な方法によっては不可能であり、人格的性格を持つ責任ある応答によってのみ表わされるのである。

われわれは啓示を三人称の命題、たとえば神は存在する、というような命題によって確認することをせず、「あなたはわたしの神です」という心からの直接の告白によって認めるのである。啓示の契機において与えられた確信事項は祈りにおいて「われらの父よ」と呼びかけることによってのみ述べることができる。無限の人格の自己顕示としての啓示は、物事の性質についての信念としての信仰によってではなく、献身、確信、信頼などの人格的行為である信仰を通してのみ理解されるのである。われわれが啓示について語るときには、われわれが固守するか背くかのどちらかを選ばなければならない、新しい信仰が与えられたあの契機のこと、従うか、拒否するかのどちらかにしなければならない新しい基準が与えられたあの契機のことを問題にしているのである。信仰を誤るということは、この信仰を欠くということであり、われわれが罪を犯すというのもこの人格に対して犯すのである。われわれが誤った推論をするということは、この事件において与えられた根本原理を破るということである。これらすべては、それがわれわれの歴史の中のことであるがゆえに、われわれの現在の存在の一部であって順列的過去に属していることではない。それらはわれわれの現在におけるわれわれの過去である。この時以後には、われわれの耳に達するすべての音の中に記憶された声を聴かなければならず、この世のわれわれに対するすべての行為の中に記憶された行為を見いださなければならない。イエス・キリストにおいてみずからを啓示する神は現在の神として今、信頼され、今、知られる神であって、あらゆる事件の中にみずからを啓示される。しかしイエス・キリストの思い出を通して神がみずからを啓示するのでなければ、それらの出来事の中に彼の業の跡をどのようにして理解できるのかをわれわれは知らない。またこのロゼッタ・ストーンの助けなしにはわれわれの読むことばをどのようにして神のことばとして理解できるのかをわれわれは知らないのである。

啓示を神の自己顕示として定義することは多くの疑問を心の中にひき起こす。そうした問いのうち二つが特に重要であると思われる。われわれは啓示ということばを、あの歴史的事件と関連を持つ真理や道徳基準を示すことばとして用いてきたこと、また現在も用いていることに照らし合わせてみて、はたして啓示とは上述のようなことなのかどうかを改めて問うのである。プロテスタンティズムにおいては啓示は普通、聖書ないしはその教理内容、つまり、イエス・キリストは神の子である、とか、神は罪を赦される、といったことをさすことばとして用いてきたが、一方、カトリックでは啓示を常に人間の超自然的終末に関する超自然的知識を意味するものであるかのように扱ってきている。さらにまた、人格としての神の啓示というのはあまりに神秘性が欠けており、そのため、われわれの多岐にわたる知識や道徳基準にとって妥当性を欠き、それらとはまったくなんの関係もないものになってしまいはしないかとわれわれは反問する。第二の問いはさまざまの型で問われるが、最もよく問われるのは、このとき神ということばの意味はどうなるのか、ということである。もし啓示が神の自己顕示であるなら、啓示においてわれわれは神を認知できるということを前提していると考えられる。するとそれは神をあらかじめ知っているということを示唆していないだろうか。そうであるならば、どうしてわれわれは啓示から出発することができるのであろうか。われわれはこの自己顕示よりもさかのぼって、かの歴史的事件を神についての理想の実現として認知しうるような、神についての前知識ないしは原啓示あるいは一般啓示、また神についての理想、何がしかの価値概念や理性の要請等々に出発点を求めなければならないのではないであろうか。これらは重要な問題であっておろそかにすることはできない。またこれらの問題に答えることによって、われわれにとって啓示が何を意味するかをより明瞭にすることができるであろう。

第二節　啓示と道徳律

われわれは、第一の問題を啓示の標準的定義を取り上げることによって扱うことができる。トレントの宗教会議は福音の内容を、イエスが広め、聖書に含まれている「救いの真理および道徳律」であると定義している。ヴァティカンの公会議は、神は「人間理性の自然の光、被造物の媒介によって知られるが、神はその知恵と寛大さのゆえに、いま一つの超自然的方法によって「ご自身とご自身の永遠の掟」とを啓示することをよしとされた、と宣言している。ここからさらに一歩を進めて、啓示のみによって与えられる人間の超自然的運命についての知識に言及すると同時に、理性を超えてはいないが、啓示によって信仰に対して与えられる真理についても語られているのである。プロテスタントの信仰告白も同じような言い方で、啓示の内容は神ご自身に並んで、真理と道徳律であるとしてきている。ウェストミンスター信仰告白は言う。「自然の光、創造と摂理の業は神の仁慈、知恵、能力などを、人の言いのがれを許さないほどに明らかに示しているのであるが、それらのものも救いに必要な神とその意志とに関係する知識を与えるのに十分ではない。したがって主はいろいろの場合に、さまざまの方法でご自身を顕わし、彼の教会に彼の意志を告げ知らせることをよしとしたまい、のちにはその真理をよりよく保存し、普及せしめ、肉の腐敗およびサタンとこの世の敵意に対して教会をいよいよ確かならしめ慰めんがために、最も必要な聖書を構成する文書にこれらのことをあますところなく留めしめることをよしとされた。かくて神がご自身の意志をその民に示した従来の方法は今は終息している」。ルター派の信条では神の意志の啓示については首尾一貫した主張はなく、むしろ神の慈悲の啓示について語られているが、それでも神の恩寵を啓示された真理として語っている。これはアウグスブルク信仰告白に、福音の内容として、「神はわれわれの功績のゆえではなく、キリストのゆえに信ずる者を義とし、彼らはキリストのゆえに慈愛の中に受け入れられる」と述べられていることから言えるのである。和協信条も律法に対して公正であろうとして、「われらは信じ、教え、かつ告白する。律法は神によって啓示された正当なる教理であって、何が神によって受け入れられるかを教え、罪深く、神の意志に反することを糾弾しているのである」と述べている。

ほかの信仰告白や信条、神学者の書物や聖書の中にも啓示の概念についての二重性は明瞭である。一方では、神はキリストにおいてご自身を啓示すると言い、他方では、モーセ、預言者、イエスらが神の意志を啓示すると言っているのである。おそらく第四福音書においてこの啓示の二重の意味は最も明瞭であろう。そこではイエスはあるときはロゴスとして提示され、直接的には知ることのできない神（a God）についての真理を教える者とされるが、またあるときには神がご自身を啓示する者として提示されているのである。「いまだかつて神をみた者はいない。父のふところにおられるひとり子が神を説き明かされたのである」とヨハネは書いている。しかし別の文脈においてヨハネはイエスに、彼を見た者は神を見たのだと宣言させている。この二元性はキリスト教がヘレニズムとユダヤ教という二つの背景を持つことから来るのだと説明されることがある。ヨハネは初代のキリスト者としてはイエス・キリストにおける自己啓示に由来する神の直接的知識について語り、ヘレニズム思想家としてはロゴスの知識によって得られる窮極的存在についての推理的知識について語っているというわけである。しかし、一方でギリシア人キリスト者が神と真理とについて語ることを必要としていたと同時に、他方ユダヤ人キリスト者も二つのこと――啓示が知ることを可能にした、かの人格についての知識と、彼の意志に関する知識――について語ることを必要としていたということは重要である。われわれが、神の意志の内容を知ろうとするユダヤ人として、あるいは神の属性を知ろうと求めるギリシア人として、このどちらとしてわれわれの歴史をとりあげるにしろ、いずれにしても神についての知識と神ご自身の知識との関係についての問いは実質的内容を持つものなのである。一方で、神の自己を顕示する啓示は空虚で伝達不可能なものと思われるし、他方で、神ご自身の知識から分離された神の属性と意志とについての知識は、啓示の名に威厳を借りた伝統的概念や習慣についての知識にすぎないであろう。二つのことは、もろもろの信仰告白が述べているように相伴うものなのである。しかし両者がどのような具合で相伴うものであるかについては信仰告白の中には示されていないのである。

この困難な問題を解決するために、またこの問題と関連して起こってくるさまざまの問題を解くために、ここでもわれわれの記憶を分析することによって問題を取り上げるのが好都合である。われわれの個人的記憶の中にわれわれは道徳律の刻印を帯びている。われわれの社会的記憶の中にも同じように、なすべきこと、なすべからざることなどについて取り決めた長い伝統がある。社会的伝統が律法や憲法や制度の中に外的にも観察されるように具体化されているが、それと同じく個人の記憶もわれわれの生体組織の構造や神経組織の中に物理的並行現象をもっているであろう。両者の場合とも、外的観察はこれらの法を、われわれが内から理解するようには理解しない。われわれが個人としても共同体としても、それらの法にのっとっているとき、つまりそれらの法がわれわれの原理であるとき、またそれらがわれわれの記憶の中にあるとき、そのときそれらの法は単に外的立法者によって課された行動の指図ではなく、われわれ自身の内的命令となり、それに従わないということは、われわれの内的矛盾や苦悩をひき起こすだけであり、法を否定することはわれわれ自身を放棄することであるにすぎないのである。それらの法はわれわれにとっては、われわれの道を照らすものであり、生の路程を守るものなのである。それらはわれわれを戒め、守る。あるいは、われわれはその法によって自分自身を戒め守るのである。しかしこれらの「汝なすべし」と「汝なすべからず」や、あるいはこれらの価値の尺度の真の源泉がなんであるかを、われわれ自身に問うてもわれわれは困惑するだけである。それはあまりにおそれおおく威厳に満ちているので、われわれの生におけるどうにもほかの方法では説明のつかない確信を説き明かす偉大な奇跡としての天からの宣言、啓示に源泉を求めようとするのである。

しかしこのような考え方には異議がとなえられる。多くの哲学者は、常に新しくなされる経験を律するものである法は、非時間的、非空間的な存在の局面から引き出された直観ないしは回想であると教えている。彼らは、先験的理性の偉大な直観が記録されているのを見いだすまでに、われわれの内的生を底深く掘り下げることを要求する。われわれがこの世とは別の叡知界の市民として記憶している窮極の法は、時空における存在という低段階の存在に合わせて造られた細部にわたる法規とは異なるが、しかしより高踏的な領域で魂は一つか二つか、またはそれ以上の偉大な戒命を聴いているはずであり、かしこで魂は最終的善ないしは至高の善、あるいは栄光に満ちた価値の集大成を見ているのである。この幻を忘れることは自分自身を忘却することである。ソクラテス的回想、カント的分析、あるいはハルトマンとともに非実質的にして同時に実質的な価値を直接に幻視することなどによってわれわれは先験的道徳律に表現を与えることができる。それによってわれわれは日常生活の仕事と闘争とを、次々に小さな規則を作りながら続けていくことができる、というわけである。

　他方、文化史家、社会学者、発生心理学者らはさまざまの法によって規制され、審かれる行動に注目し、法が時空内の存在においてどのような文書上、慣習上、制度上の具体化を得ているかを考察する。彼らは法の起源を個人的記憶の深みに求めず、外的歴史の順列的事件の系列をさかのぼることによってつきとめようとする。彼らはこれらの戒めが、年長者や仲間たちの賛同と不賛成とによって子供の習慣の中に書き込まれる様子に着目する。彼らはユダヤ人の道徳律を遊牧時代の歴史や彼らの生活の状態にさかのぼってあとづけ、ギリシア人の価値序列や善の知識を彼らの都市文明、審美的、技術的、貴族的文明にさかのぼって説明しようとする。歴史家は山上の垂訓の高貴なことばの系譜をラビ、預言者、預言者以前の先駆者に求め、それらとの個々の相違点については、終末的希望に満ちた環境における生によるものと考える。これらの道徳律を説明することに啓示の奇跡を引き合いに出す必要はないわけである。それと同じく、初代プロテスタントが自由と責任を強調したことも、初期資本主義の時代、後期封建制時代との関連で説明されるように、プロテスタントの神の国の理想も後期資本主義の時代、初期民主主義時代における情熱からくる社会情況に起源を求めうるであろう。たしかに、人間の道徳律の長く苦渋に満ちた歴史の背後にはなんらかの包括的な目的があるのだという固い信念に固執することも可能であるだろう。しかし、われわれの目に映るものは人間のさまざまの目的の果てしもなく続く連鎖であって、根源的目的など見ることができず、それがなんであるかということなど何もわからないのである。

哲学者や社会学者の相違点を和解させようと努力することは、彼らもキリスト教信仰の告白者ででもない限り、告白的神学の役目ではないが、あえて意見を述べることは許されるであろう。つまり、彼らはともに同じ現象をさまざまの視点から見ているのであって、彼らの間の争いは彼らが普遍についての見解と普遍的見解を混同していること、またそれぞれが、自分の視点からは一つの真理ではなく、存在する限りでの真理そのものをすべて把握しうると人々に信じ込ませようとする全体主義的傾向とにその原因がある、とわれわれは考える。われわれ自身についても、われわれの法を特殊啓示に結びつけることについて両方の人々からなされる批判を受けとめざるをえないのである。われわれは法がわれわれの心に啓示とは無関係に書き込まれており、われわれの条例集の中には聖書の助けなしに法がしるされていることを認める。ソクラテスとともに、その法に対してわれわれを養育する社会の法としての敬意を払わなければならず、両親に従う以上にその法に従わなければならない。われわれは、イスラエルはすでに何が善であるかを知っているものと常にみなしていた預言者や、神を知らなかった異邦人も神の法の知識をその良心の中に持っていると信じた聖パウロと意見を同じくしなければならない。この考え方を今日の表出に移せば、われわれ西洋世界の道徳観念、道徳の理想は、イエスの教えの出現はおろか、モーセや預言者の出現以前の事件や経験にその起源を持つ、ということもできる。またより神秘的ないし観念的表出によって、価値の知識や義務の直観はわれわれの歴史におけるイエス・キリストの媒介を経ずにも、幻によってわれわれに来る、ということもできよう。

しかし、こうした結果にわれわれは満足できないのである。それは、神の自己顕示という観念と両立するが、同時にまた、啓示を生において前後の事件との関連を持たない幻覚的要素であるとする観念とも両立し、また啓示された神を要請の神と置き代える考え方とも両立するからである。そしてこの後の二つの考え方はわれわれの信仰告白で言おうとすることを表現していない。カントの道徳意識の分析はキリスト教信仰の告白者の自己分析に相当しない。まず第一に、われわれのうちに道徳律があるということから神の存在の確かさを演繹する道をわれわれは知らない。この点で、正直なシヂウイックは正直なカントよりなお正直であると思われる。道徳律の命令が——それがわれわれにとってはどれほど絶対的であっても——われわれの歴史的理性の相対性や自己を維持しようとする利害関心、そしてまた、個々の個人的、社会的自己の、保存と勝利への願望などによって病んでいることを知っているのに、どのようにしてその道徳律から普遍的な神の存在を結論できるのであろうか。この方法がとられたときには、神についての不確かさは、われわれの宿命である。道徳律から演繹されるような神は道徳律と同様絶対的な神ではなく、道徳律が統一性を欠くのと同様、一つの神ではない。そこには道徳律を超えた存在が暗示されているかもしれない。しかしそれも暗示であって、偉大なる憧がれに終わらざるをえないのである。

第二に、カントの分析は、道徳律を神の意志と認めることによっても、あるいはまた、道徳律の背後にある人格の啓示によっても、道徳律になんの変化ももたらさないとしている点でキリスト者の経験を正確に描写したものではない。信条における啓示の定義を維持することが許される方法、しかも人格の啓示と意志の啓示という二元性が克服される方法を示す指標はまさに、イエス・キリストにおける神の人格の啓示によって道徳律にもたらされる変化においてこそ与えられるのである。この変化の分析が正確である限りにおいて、神の自己の顕示という啓示の定義の検証が正しくなされることになるのである。

神の人格の啓示によって道徳律がこうむる第一の変化はその強制力の変化である。神がみずからを啓示されるとき、道徳律はもはやわれわれが本来あるべき者になるために自分に要求することを意味しなくなる。そのような要求からならば、われわれは何故今あるがままであってはならないのかと反問することによって拒否することができるであろう。次に、道徳律は最も優れた人々の中の最も優れた理性が要求することでもなくなる。そのような要求にしても、理性の能力に対する疑問、最もすぐれた理論家の善良さについて疑問を持つことによってのがれることができる。さらに、道徳律はわれわれの社会の要求を背負うものでもなくなる。それもまたわれわれの社会から抜け出すことによってさけることができる。今やそれは自発的にしろ不本意にしろ、死によってまぬがれることのできる生命の掟《おきて》というようなものでもなくなる。神の啓示によって道徳律は、その前から逃げたり隠れたりできないかた、人をかたより見ず、例外を設けないかたからの要求として知られるようになる。また、そのかたの持つ目的の真摯さは、そのかたの業が、この哀れな混乱した被造物、神の主権に対して反抗して自分たちの小さな王国を建て、常に新しいメシアが彼自身の義の名において人を新しい災患に導きゆくことを常とするこの被造物の逃避や侵犯によって、破壊されることを容赦されないかたからの要求として知られるようになる。もはや、われわれの法を犯すということは、本来われわれのあるべき姿や社会的生、生物学的生などの本質に対する侵犯ではなくなる。たしかにこうしたことすべてを包含するにしろ、主要点は宇宙の本質に対する侵犯となる。法の侵犯は良心の法、社会の法、さらには生命の法を破ることになるだけでなく、およそ存在するものすべての創始者であり完成者であるかたの法を破ることである。それは自己ないしはその共同体の身体や魂に対する冒瀆であるだけではない。神の身体に対する冒瀆なのである。われわれの罪過によって殺されたのは神の子であった。この侵犯に対する審きから、あるいはこの侵犯に対するつぐないをする必要から、神が忘れてくださるであろうという期待によってのがれようとしたり、また死によって神の前から姿を消すことによってのがれようとしても、それはできない。法の背後にある命令は、忠実、真摯で、休むことを知らない永遠の自己の命令なのである。預言者は新しい道徳を説いたのではなく、遊牧民の道徳の背後にある永遠の命令に人々の注意を向けたのであるが、それと同じく、イエス・キリストも、まず何よりも、新しい倫理を与えたのではなく、ご自分の創造を完成し贖おうという、揺ぐことのない意志を持った立法者を、またその目的のためには最愛のみ子を受苦の必要性からまぬがれることをも許されなかった立法者を啓示したのである。イエス・キリストにおいて啓示された神の義は人格的神の永遠の真摯さである。

さらに、道徳律は神の自己の啓示によってその適用範囲がさらに広く、そしてさらに強力に適用されることが必要となるという点で変えられる。今や隣人に対する義務も、血をわけた兄弟のみに対する義務であると考えたり、具体的に表面に表われた行為のほうが個人の生体組織内で、つまり頭の中や身体のうちで私的に起きる内的な心の動きよりも倫理的審判の対象となると考えたりし、法の適用を限定する可能性はないのである。また神の意志は理性的存在の世界の内部に適用されるのであって非理性的なものの世界には適用されず、したがって人間は理性的であるがゆえに目的として扱われなければならず、人間以外の生命は人間の目的のためにそこなわれてもよい、と解釈することも許されない。神がご自身を啓示されるとき、すずめや羊や百合は道徳的関係の網の中にはいってくる。今やすべての殺生は犠牲である。生物と無生物の間に境界線を引くことさえ不可能である。地上の文化は主の庭園であり、主の知性の創造物として星を畏敬することも普遍的意志の要求である。道徳的従順を善人の交わりの中に限定し、われわれを愛する者のみを愛し、われわれと同じ原理を持ち、われわれの価値体系をそこなわない者のみを愛する、とする可能性は今やないのである。われわれ自身の生やわれわれのより高次の善に対してのみでなく、敵対者に対する忠誠は、生命や理性や道徳価値等の命令でなく、神の出される命令であるとき、強制的命令となる。空間や社会関係の場合と同じく、時間においても神の法である道徳律は適用の範囲が広げられ、強化される。それは同時代に生きている存在者の法であって、すべての新しい瞬間に新しいものであり、それゆえに、具体的形は永久に変化する。単に伝統的な行動様式は生ける権威の臨在のもとでは適切さを欠く。神の意志の忠実さはすべての瞬間を結び合わせ、移りゆく日々の新しさの中にも変化することのない方向性を与えるけれども、神によって命じられることは、すべての新しい瞬間にその瞬間のために新しく命じられるのである。

　われわれの道徳律がこのように普遍化され集約強化されたとき、それは生まれ変わったのである。ユダヤ人のものとして、われわれの法を限定していた制約は克服され、ギリシア人のものとしてわれわれの倫理的要求や可能性を知的理性を持つ人々に限定し、それゆえに倫理にアカデミックな貴族主義的性格を与えていた障害が取り除かれたのである。同様に、この啓示は、ユダヤ的倫理と異教の倫理の間の境界線を消してしまったのと同じく、キリスト教の中のすべての段階的倫理の境界線をも消してしまったのである。神が道徳律の背後の意志となるとき、水平化《レヴェリング》の偉大なプロセスが始められる。すべての山は低くされ、谷はあげられる。革命的な価値変革が人格の啓示と並んで、というのでなく、啓示のゆえに起こされる。あるいは復旧が始められた、と言うほうが良いであろう。なぜならば、この人格の臨在のもとで、われわれがこれまで保持してきた道徳律は、常に腐敗したものであったことを確認するからであり、またわれわれの良心の中にも哲学にも法令集の中にもなんらかの神々に仕えるための法がなかったことがまったくないことを認識するからである。われわれがいかなる測定の基準をとるにしろ——完全さという基準であれ、快楽という基準であれ——あるいは善意や慎みなどの直観に訴えるにしろ、われわれはこれらの法や基準を、創造者よりは被造物に仕える利害関心にとらわれた人間として利用してきているのである。快楽をもって善を測定する基準とした場合にも、優先させられたのはわれわれの快楽であり、私の快楽であった。完全さが基準であったときにも、それはわれわれの完全さであった。慎しみがわれわれの法であったときにも、それは自分よりも目上の自己、目下の自己に対する慎しみであった。善意が法であったときにも、それはわれわれの親切に対する返礼を期待しうる同族の者に対する善意であった。われわれは非人格的科学の純真さをわれわれの道徳的思惟や行為において持つことは不可能であったし、今も不可能である。それは倫理においてわれわれが非人格的であることが不可能であったし、今も不可能であるからではなく、物事を普遍的人格の視点から見ようとしなかったし、今もそうしようとしていないからなのである。われわれが神とは無関係にとる倫理は常に利害関心にとらわれた倫理、手前勝手で偶像崇拝的、かつ腐敗した倫理なのである。

われわれの価値、基準、道徳律などが途方もなく腐敗していることは、われわれ自身を知られた者として認識させられる啓示によって明らかにされる。啓示は「あなたがその人である」と言って道徳律をわれわれに向ける。この光によってわれわれは法を自分に仕えるものとして利用してきたこと、そしてそれによって法を腐敗させてきたことを知る。われわれは、法とはわれわれの行為を規制するものであるだけでなく、あたかも所有できるものであるかのように考え、ユダヤ人として、ギリシア人として、キリスト者として、民主主義者として、あるいは社会主義者や国家主義者として、自分たちの道徳律を誇るのである。われわれは人々の前に教会として、あるいは他の団体として、われわれの理想の高貴さのゆえにみずからを義とする。われわれは自分の罪をおびただしい自己欺瞞によっておおい隠す。そして法が明らかにわれわれの願望や悪徳と衝突するときには、われわれの義務の遂行が可能になるようにするのではなく、それを避けることができるように法を改変し、新しい道徳性を案出する。そして、貪欲を自由の神聖なる権利と呼び、むさぼる心を奴隷からの解放と呼び、冷淡さを科学的態度とみなし、孤立を平和に対する愛とし、戦争をクルセードと呼び、責任を回避しようとする態度を修道院主義と言い、妥協を社会人のあり方であるとする。われわれの日常の自己義認と自己欺瞞には「キリスト教倫理」とか「道徳哲学」とかの神学的、哲学的論考においてアカデミックな合理化がなされる。啓示の光の中でわれわれは、われわれの道徳律の思い上がりと堕落とに気づかされる。つまり、かの人格の啓示は法の啓示ではないが、法の根拠の立証をするのと同時に、法の罪と法に対する批判の啓示なのである。

イエス・キリストにおける神の啓示を通して法に起こされる最大の変化については、それが最大の変化ではあるが、きわめて少しのことしか語るべきではない。それはつまり、命令法が直接法に変えられるということ、愛を内容とする法が神と人との無償の愛を内容とする法に変えられるということが、啓示を通してわれわれの見る可能性であるということである。生まれ変わった法のどの局面においてよりも、この内容の変化という点ではこれを現実に起こっているものとして見るよりも、可能性として、つまりこの歴史的生の患難が去ったときに法がわれわれにとってなんであるかについての約束として、認識する。しかしこの約束を知るということは法の新しい理解の始まりであり、新しい生の始まりである。

以上述べてきたことから、かの人格の啓示は道徳律の再出版を伴っているということもできるであろう。しかし、再出版されたのは初版であって、それはこれまで多くの拙劣な翻訳者や独断的学者たち（キリスト者などはその最たる者であろうが）によって、手の下しようのないほどに改悪されてきたのである。しかしながら、変動のない社会の理神論者や超自然主義者が用いていた、しかもあまりに永い間乱用されていた再出版という古いたとえはこの際放棄したほうが良いであろう。道徳律の初版は、啓示のどの場面を通しても定まった型においてわれわれに与えられてはいないのである。むしろ、立法者が啓示されたとき、彼の意図もともに啓示され、推論する心情は学究的技量の基本を与えられたのであり、それによって多くの苦痛と労苦とを重ねることから基本的テキストの復旧の作業が、その歴史全体を通してできるようになったのだ、と言うほうがよいであろう。神の人格の善性を顕示すると同時に人の罪深い自己をも露呈させる啓示の光の中では、この理性がしばしば悪しき想像によって道を失い、そのたびに新しい改悪を持ちこむということは確実なこととしてわれわれには見えている。

この意味で、元来自己顕示である啓示は「神の命令」ないしは神の意志の知識を包摂しているものである。神の意志の知識といっても、神が人に伝えるのでなければ人には知ることができない新しい命令や道徳的真理を人の理性の働きとは無関係なところで伝えたというような意味での直接的内容ではない。啓示という語を一般的に用いて道徳律の再建をも含ませることもできるであろうが、厳密に用いる場合には、啓示とは新しい法の授与ではなく、道徳律に対する新しい革命的な解釈とその新たな適用との出発点である、と言うべきである。

倫理について言えることは、自然の世界や歴史について人々の持つ意見についても言うことができる。啓示は自然や歴史の事実について新しい信念を伝授するものではないが、しかし、それはわれわれのすべての信念の根本的な改造をひき起こす。これらの信念は客観的知識も含むが、常に偶像にとらわれた人間の地方割拠主義と自己への配慮とを反映しているからである。六日間での創造という物語は啓示の一部ではない。しかし創世記の叙述は、生成のドラマにおいて、神に主要な関心が寄せられ、人間が中心的位置から少しはずされていることによって、啓示の影響を受けており、古代の信念が多少とも再建されたということを表わしている。その再建は完全なものではなかった。信仰が信念にもたらす革命は永久のものだからである。それは多種多様な筋道で、またさまざまの段階で起こるものなのである。

自己とその周囲の世界のすべてをともに創造されるかの人格に対する信仰は、頭脳を、人間の栄光を称揚する想像によって人間の価値を維持しようとする異教的要求から解放する。創造者が啓示されるとき、人間がすべての被造物の中で最もすぐれたものであることを立証する歴史を読むことによって、人間の位置を弁護することはもはや必要でなくなる。人間であることは今や動物の主であることではなく、神の子であることなのである。かの人格を知るということは、われわれが土や猿の親類であることに対するすべての恥の感覚を捨てることである。頭脳は解放され、自由に外的世界に関する知識を利害にとらわれずに追求できるようになった。しかしそれも、何事も大した問題ではないとか、すべてのものは非人格的で無価値であるという確信によってではなく、神の造られたものには無価値なもの、不潔なものは何もないという信仰によってなされるのである。したがってキリスト者がこの世界の科学的知識を開拓できないのは啓示された神に対する忠誠のしるしではなく、かえって不信仰のしるしである。少しも私心のない科学は信仰に対する最大の肯定の一つであり、またその科学はそのことに無意識であるがゆえに、それだけ大なる肯定なのである。われわれの地上のすまいと生の旅路についての新しい知識に対して抵抗することは決して啓示された神に対する信仰のしるしではなく、逆に、われわれの持つ生の価値の感覚が、われわれの人間性への自信とか、われわれの社会とかその他の虚しい偶像など、不確かな基盤に依拠していることを暴露することにほかならない。しかしこのことも、世界の性質についての新しい意見が、啓示と呼ばれうるということでは決してない。創発的進化《エマージエント》という観念は、自然における人間の位置を弁護するという要求から解放された頭脳によって展開されたものであろう。しかし、この観念自身はほかのさまざまの観念と同様に、神の人格の啓示と同類のものとすることはできない。そのような意見についてわれわれがただ一つ言いうることは事件の推移を虚心担懐に見たときに、その観念と現実とが合致しているかどうか、ということである。そして虚心担懐になることは神の知識を伴わない自然の知識によってはできないことである。

このことはキリスト者共同体の成立やイエス・キリストの肉による誕生やキリスト教の歴史等の経過についてのさまざまの意見を扱うに当たっても同じように言えることである。イエス・キリストにおける神の人格の啓示は、イエスは処女マリヤより生まれたとか、聖書は無謬であるとか、歴史は滅亡するといった命題の告知を含んではいない。しかし、啓示が要求していることは、イエスは大工の息子であるとか、ユダヤ人のある者たちが言っていた、イエスは不義による子であるという意見とか聖書も人の手になるほかの書物と同列のものであるとか、人間の歴史は季節の循環のようなものであるなどの意見が変革されることである。啓示はイエスの誕生の物語を、神が物語の中心に位置を占める、生命の始まりの物語として読むことを要求する。われわれが注目するのは神の行為である。しかし、われわれが神に対する信仰を持ってから、というよりは、神ご自身の啓示によって神がわれわれの心に信仰を与えられてからは、われわれは誕生の自然奇跡や聖書成立の自然奇跡などに依拠する必要性から解放されたのである。ここでわれわれはふたたび外的視点と内的視点の関係の問題に触れることになるが、それはここでは扱うことはできない。しかし次のことが神の人格の啓示から帰結されることであると思われる——つまり、真理は変革され、観想的理性の観察する世界に連続的関係を求めることも奨励され、解放される、ということである。純粋理性は信仰に余地を与えるために限定される必要もなく、かえって、自己の利益を弁護し防衛する必要から、信仰が純粋理性を解放するのである。自己の利益は自然によってではなく、自然を衣とされる神の啓示によって確立され、守られていることがわれわれには明らかになっている。

第三節　人間的価値と啓示の神

われわれの啓示の定義が対決しなければならない困難な問題の第二のものがここで浮かび上がってくる。われわれは啓示において神の自己と出会うというだけでは不十分である。なぜなら、もしこの出会いがまったく何物も媒介とせず、神についての真理を何もわれわれに与えないとするならば、それは伝達不可能であり、推論する心情にも理解するための原理を与えないからである。社会的神秘はほかの社会のことばによっては表現できないかもしれないが、もしそれが社会的なものであれば、まったく表現不可能ということはないはずである。さらに、啓示された自己をわれわれの神として信仰を告白するためには、神とはなんであるかについてなんらかの予備知識のあることを示唆している。そうでなければ、啓示の神は神として認知されないであろう。第三に、われわれは神について非キリスト教的共同体の人々、つまりユダヤ人(彼らの記憶の多くはわれわれのものとなってはいるが)、イスラム教徒、ヒンヅー教徒等とともになんらかの共通の意味を持つと思われることばを用いて話し合うことができる以上、われわれの歴史における啓示とは無関係に宗教的知識があるものと考えられる。以上のことから、イエス・キリストにおける神の啓示は真にわれわれの第一原理であるのかどうか、われわれの思惟や礼拝の出発点であるのかどうか、また、時間的にも論理的にも啓示に先立つ、神の自然的知識がありはしないかなどを問わなければならない。これはキリスト者にとって古い問題であって、世俗的教会とこの世との軋轢や宗教戦争、キリスト者共同体内部での宗派の争いなどにおける甲論乙駁するさまざまの対立理論によっても解決されていない問題である。

告白的神学はこの問題をとり上げるに当たって、他宗教に対するキリスト教の優越性であるとか、教会が啓示を所有していることを盾にキリスト教神学が哲学よりすぐれているとかいったことを証明しようとする欲望を断固しりぞける覚悟を持たなければならない。神の啓示は所有物ではなく、われわれの歴史の光輝く中心点を想起するたびごとにくり返し起こる事件なのである。われわれが所有できるのはイエス・キリストの思い出であって、その思い出を通して起こる事件をわれわれは所有できない。さらに重要なことは、啓示は自己防衛を企てる自己に対しては背を向けるということである。啓示はそれに直面する人に弁解の余地を与えない。したがってわれわれはこの問題に告白者として接し、啓示がわれわれの神に関するほかの知識とどのように関連しているのかをできるだけ正確に言い表わさなければならない。

歴史と生との全領域に道徳律と同じく宗教が見いだされるというのは事実である。われわれ自身のうちにもわれわれの生の本源と目標についての多くの信念と要請とを見いだす。われわれの記憶は、イエス・キリストの思い出とは直接なんのかかわりも持たない神、聖書以外の書物に外的形容が描写されている神の存在についての議論で満たされている。プラトンの善のイデア、アリストテレスの不動の動因、ストア派の宇宙とロゴスなどは、この世界についての観念としてわれわれの頭の中にあり、われわれの直接の経験と結合して、経験に形を与えている。記憶の中にはより古くより原始的な心象もある。それはたぶん、なんらかの民族的無意識に由来するものであって、生体学的構造のどこかにそれの可視的対応物があるのであろう。あるいはまた、決して抹殺されることのない原始的文書、隠された碑文、またそれらより高貴な観念の受肉体——聖書さえも例外でなく——に含まれている隠語や、度重なる改革にもかかわらず原始的思想の要素を保持している日常語の中に、その具体的形骸を持っているのかもしれない。「犠牲」、「なだめ」、「再生」、「聖霊」、「精神的」、「愛」、「交わり」などの宗教的語彙は抑圧された形ではあるが原始時代からの心象や観念や経験を象徴しているのである。また、われわれはさまざまの欲求を持つゆえに、われわれのうちにはこれらの高貴、低劣、抽象、具象、さまざまの想像を利用しようとする心の動きがある。われわれは自分の自己としての価値を認めてくれる仲間を熱求したり、個人としても共同体としても無名性の中に埋没してしまうことから救いだしてくれる存在を慕ったりする。明らかにわれわれに対しては無関心な自然の前で、われわれにはこれを征服することができないがゆえに、これを征服できる力を援用して、われわれの希望の世界をなんとかして維持しようと努める。われわれは、具体的なもの——愛する仲間、子供たち、国家、文化など——に対して抱いている価値が末永く存続するものであるという保証をすることはできないが、なんとか保証を与えようと欲し、いまだ実現されていない真・善・美の理想の実現が、われわれの意図や力よりも永続する意図や力によって保証されることを願う。われわれは、通常あまりに親しみすぎた環境において直面する存在とは力においても属性においても異なる存在の臨在を暗示する、おののきと畏れとを感ずることがある。自然に慣れ親しみすぎて、もはやこれに畏敬の念を感ずることができなくなったとき、さまざまの社会の壮観さや勢力が虚飾や破壊の権化でしかないことを露呈したとき、そのようなときにわれわれは生の不毛索漠を感じ、この感覚からの解放を音楽や色彩に求める。また、古代の信仰の象徴から利益を受けるために、それがどのように働くのかは知らないが、公の礼拝の場をおとずれる。讃美、祈禱、感謝、とりなし——これらがわれわれの日常の儀式である。こうした経験からわれわれの自然宗教を理解しようとして、われわれは頭脳や心情のさまざまの心象や哲学の抽象的観念に帰ってゆくのである。

内的生の哲学者たちはわれわれに代わってこれらの観念や欲求を分析してみせてくれ、時には正当化してみせてくれる。われわれはこの世界について考えるとき、それが始まりと終わりとを持つものとしてしか考えることはできず、また必要充分な根拠をもって出現し、必要十分な目標に向かって進行しつつある宇宙としてしか考える以外に考えようのないことを証明してみせる。われわれの価値感覚や道徳律に対する感覚を真剣に考慮してくれるときには、かの必要十分な根拠の中に価値の源泉を含めてくれ、目標の中には、存在と存在することの意味とを統合する存在を含ませてくれる。神の存在を証明しようとするすべての議論の背後には、自己とその価値（それは他の自己でも、真・善・美といった非人格的抽象的なものでもよいが）をともに保存するであろう実在への実践理性の執拗な要求があることを彼らは指摘する。自己にふさわしい目標に向かって献身する自己の生がもし錯覚でなく現実でなければならないとすれば、神が存在しなければならず、その神の属性も描写可能なものでなければならない。すべての価値、つまり人々がそのために生きている小さな神々のすべてが死ぬべき運命から救い出されるためにはひとりの至善至高のジュピター（Juppitter Optimus Maximus）のような存在がなければならない。われわれの生が幻影を追いかけるというような誤った追求とならないためには、この神は、一者、永遠、遍在、万能、不易、無限、不可知でなければならず、身体も部分も感情も持っていてはならないとされている。

これとは違った視点から心理学者、歴史家、社会学者らはわれわれの宗教的行動を考察し、その性質と源泉とを解明しようとする。彼らによるとヌミノーゼの感情は、人がすべての欲求不満において経験する感情と同じ種類のものである。また主観を目的や霊魂の世界に投影し客観化することは原始的形而上学や未発達な科学の特徴である。なだめや和解の儀式は、恐怖と血や生命の性質についての原始的概念に源泉を持っている。性と飢餓とは、信仰の表出のすべてにその痕跡を残している。概して宗教は人間性の中に源泉を持っており、人間の神々を知るためには人間を研究することが必要である。一般的に言って、われわれの自然宗教は、社会における無政府的、個人主義的、遠心的諸傾向に歯止めを加えるための社会的努力から発生してくるものである。自然宗教の古い語彙は宗教の保守的な社会的機能を表現しているし、宗教の用いている概念も社会的利害を反映している。天の王とは地上の支配者の想像上の対応物であり、神の法とは社会的慣習が投映されたものである。カーストや集団の区別は、それが地上で維持されるために超自然的起源を持つものとされているのである。これらすべての自然的信仰の背後には、死の恐怖、物を失うことに対する恐れ、自己保存、自己拡張への欲求等々がある。人は、自分自身についての心象《イメージ》が守られるように、自分のかたち《イメージ》に型取って神々を考え、また造りだす。宗教とは自然や社会の変化に対する人間の大いなる自己防衛である。しかしその防御的機能は時に人や集団の敵対者に、死後の生命とか至福とかいうような麻酔薬をかがせるという攻撃的戦略を要求することもある。

倫理の場合と同じく、われわれの宗教的信仰とこれら主観的要素、客観的要素との関係についての説明を受け入れなければならない。ただし、どちらも経験と現実とのある限られた局面を見ているにすぎないことを確認し、また「……でしかない」という全体主義的章句を除くことを条件としてである。どちらの説明においても、神の属性についてわれわれが考えることは、特殊啓示に源泉が求められなくともよいのである。このことからただちにこれらの説明が非歴史的であり、純理性的であるということにはならない。しかしいずれにしても、神の善良さ、万能、永遠性についてのわれわれの観念は、西洋的、ギリシア的人間理性の要請の特徴をもっており、これはキリストの名や生涯とは少しも関係を持たない記憶によってわれわれに伝えられるのである。

この総合的な結果は、啓示を神についての真理の伝達ではなく神の自己顕示であるとする結論と矛盾しない。しかしまた、われわれにはこれらの観念で十分であって啓示は不必要であり、幻覚にすぎず、キリスト教史の中で啓示が起こるとしてもそれは空虚無内容であって啓示の起こる契機を除けば生のあらゆる契機に対してなんの意味も持たない、とする結論とも矛盾しない。しかしそれがわれわれの言おうとしているところではない。啓示について語ることは多くの困難を伴うにもかかわらず、啓示はわれわれにとって無しにすますことのできるもの、伝達不可能なものを意味しない。啓示が新しい真理の伝達でも、自然宗教の代わりの超自然的宗教の授与でもないというのは事実である。それは、イエス・キリストが「父」と呼ばれたかたの啓示を通して、神についてのわれわれの自然的知識を充足し、根本的に改造する。神についてのすべての思想は今や変貌をとげる。啓示とはわれわれの宗教的観念の発展ではなく、その改革である。神の自己顕示とはわれわれの宗教的生における永遠の革命であって、その革命を通してすべての宗教的真理はわれわれの苦痛のうちに変革され、すべての宗教的行動も悔改めと新しい信仰によって変容させられていく。啓示は新しい出発をなさしめ、古い発展に終止符を打つがゆえに革命的である。神の知識の問題に限らず、あらゆる点で、啓示と直面する生は、革命前夜の生でも、革命後の生でもなく、革命の唯中を生きる生である。

啓示が宗教的知識における革命であることは神の唯一性《ユニティ》、現実性《リアリティ》、善性、とくに善性についての観念を調べることによって示されるであろう。神についての仮説において予想された神の唯一性《ユニティ》はキリストにおける神の啓示によって満たされている。人々をとりかこみ、また人々の生の目標となっている多くの規定された存在を超えたところに、また永遠のものや観念を超えたところに、規定を受けない一つの存在を措定していたのである。われわれが経験するさまざまの統一性《ユニティ》の源泉となる一つの原理を考えていたのである。しかし、主イエス・キリストの父はこの期待を満たしはしたが、それはわれわれの予想したとおりに満たしたのではなく、その結果として、この世界の統一性《ユニティ》についてのわれわれの思想のすべてを変える必要に迫られることになったのである。神は多くの規定された存在を超える者としてわれわれに出会われるのでなく、すべてのことの中に、またすべてのことを通して活動する者として、規定されない者としてではなく、規定する者として来られたのである。人格の単一性《ワンネス》は、われわれの世界のすべての事物の統一性《ユニティ》に向けられた意志の単一性《ワンネス》のことである。彼は小さな神神の上に立つジュピターではなく、これらの敵であったのであり、われわれがこれらの神々を通して彼を見いだそうとした努力のうちに、われわれの偶像礼拝、鬼神礼拝を暴露されたのである。この啓示によってわれわれは、神の唯一性のすべての思想の中にいかにわれわれ自身の持っている特殊な唯一性の観念を移し入れていたかを理解する。彼は、われわれの設計によって建てられたピラミッドの頂点であった。つまり天上地上のヒエラルキーはわれわれ自身の制度ないしはわれわれの社会の性質にかたどって考案されたのである。しかし、イエス・キリストの父は、われわれが抱いていた唯一性《ユニティ》の心象《イメージ》を拒絶される。彼を通してわれわれは、われわれの無秩序と統一性《ユニティ》の欠如とを知り、彼を通して統一性が、われわれの望んでいた方法とは別の方法で流入してくるのを知る。われわれにとって最後のものは彼にとって最初のものであった。さらには、われわれの歴史の中のひとりの人格として彼はわれわれに、確立した秩序《エスタブリッシュト・オーダー》の静的統一性ではなく、無限の目標に向上しようとしてふるい立つ生の統一性《ユニティ》を要求されるのである。それはわれわれがその中でいこうことのできる一者ではなくて、われわれに生命を与える一者である。彼は、すべてのことにおいてわれわれと直面することによって、また彼の思いをあらゆるときにわれわれの思いとすることを要求することによって、われわれのあらゆる世界を結び合わせる一者である。イエス・キリストにおいて人間のところに来られる神は、われわれの宗教的想像の神が一つであったように、一者である。しかし彼は、われわれのもつ統一性のすべての観念を改革することを要求し、彼の属性を理解しようとする新しい努力をわれわれに開始させる。三位一体論は神の属性の理解の満足すべき最終的形式ではない。しかし、古今のさまざまのパンテオンよりも満足すべきものである。パンテオンにおいてわれわれは多くの神々や価値の上に、それらによって規定された何物かに到達しようとしているのである。父・子・聖霊として現れる神の唯一《ユニティ》性は、真・善・美の共通の源泉および精神として、われわれが考えているような統一《ユニティ》性ではないし、いわんや、われわれの心象《イメージ》にかたどられた真・善・美の源泉や精神などではないのである。したがって、イエス・キリストの神がわれわれに要求される統一性とは、われわれの目的や価値の統一性ではなく、われわれ自身の統一性、精神の誠実さ、心情の清らかさである。

啓示は神の力についてのわれわれの思想の革命でもある。いかなる存在であれ、宗教的理性の法廷でそれが神としての資格を持つには、それは善でなければならないが、力強くもなければならない。現代哲学における自己存立的価値や永遠の対象のように、その善性のゆえにわれわれが崇拝できる存在があるかもしれないが、それは無力なものである。しかし無力なものは神としての性質を持ちえない。それはあてにすることも頼りにすることもできない。いかなる祈りもそれに昇ってゆかない。善性と力とが分離するとき、また善なるものの力に信頼できないとき、あるいは力の善性に信頼できないとき、そのようなときにわれわれの宗教は魔術――われわれ自身の力（その善性を疑うことはわれわれはしない）の行使――に変質する。このときわれわれの礼拝は永遠の価値に向けられるであろうが、われわれの祈りは、権力《パワー》を行使することもできるし、またわれわれが動かすこともできる下院議員や上院議員らに向けられる。神は神であるためには、ほかのことはともかく、その力において善でなければならないと同時に、その善性において力強くなければならない。神が唯一の善として頭の中の観念ないしは未来の理想に還元されるとき、人は論理の必然によって自己礼拝を始め、祈願は彼自身の意志に向けられるようになる。彼が自分の力によって生きることの不可能を悟り、彼に逆らう力の出現をみるや、彼は最も強く見えるものの善性を信ずることになるであろう。この世界に対するストア的忍従、想像しうる最後の力の体系への忍従、人をとり囲み、人をもてあそぶ自然の力の広範なあの謀略に対する忍従などが彼の落ち着くところであろう。彼はあるがままの事物に対してプロメテウス的反抗を試みたくなるような苦渋を味わう。しかしこの世界、自然、宿命、歴史のプロセス——なんと呼んでもいいが——は現実であり、それに忍従する者は、もはや彼が自分の想像によってだまされたり、希望的思惟から神々を作ったりしてはいないということで慰めを得るであろう。いずれの場合にしても、神についての思想と力についての思想とを分離することはできない。神が神であるためには力強くなければならない。

われわれはこのような力への期待を持ってイエス・キリストの神に出会う。もし彼の力が世界の力よりも弱く、世界、自然、宿命、死等の思いのままにあやつられるようならば、われわれはどうして彼を神として認めることができるであろう。しかし、われわれが神に出会うのではない。神が人間の歴史の中で、人間の歴史を通して、力に対するわれわれの期待を満たし、同時にこれを破壊しながら、われわれのところまで来られるのである。この神の現実性と力とはこの世界の現実性と力である。この神はイエス・キリストが天と地の主として祈りを向けるかたである。この神は、人がつくる善とか悪とかの区別に頓着することなしに降る雨であり、照る太陽である。イエスが死に至るまで従順を尽くされた神は生命を与える力、死を支配する力である。しかもなお、イエス・キリストの光の中でわれわれは不思議にも、この力強い世界の中でほんとうに力強いものについての観念を大規模に改訂しなければならないのである。神の力はイエスの弱さにおいて、死を通して大能《パワー》にあげられた柔和な生命、死につつある生命において明らかにされた。われわれは地上の強者に対する神の力は、神が彼らを殺すことによってではなく、殺されたイエスの霊を征服されないものとしたことによって明らかにされたのを見る。死は力の発現ではない。死よりも強い力が死の力の中に、また死の力の背後にある。われわれは力と全能との観念を考え直し終えることはできない。われわれはその意味を知っていると思っていたが、今や、世界の力は神の力のうちにあるのであって、神の全能の力ではないということ以外、何も知らないことに気づいたのである。神の力は弱さの中に全うされ、神はその主権を王座を通してよりも十字架を通して行使される。したがって、啓示に接することによってわれわれは神の観念をすべて考え直し始めなければならない。われわれは自分だけではどうすることもできない。われわれは行動においても思想においても新しく出発しなければならない。啓示は、力に対するわれわれの考え方やわれわれの力の政治《パワー・ポリティクス》の革命の出発点である。

最後に、一般の人間共同体の成員としてわれわれは神は善でなければならないことを知っている。われわれは世界に対するストア派的忍従を実践することはできないし、力強い現実は忠誠を誓うに足るものであることを自分に説得できない限り、われわれの生の意味を国家の大義名分にかけることもできない。哲学的定義や実際の礼拝においては神がなんであっても、それは価値でなければならない。神《ゴッド》という単語は友人という単語と同じく、価値を表現する単語である。これら二つの象徴は価値と存在との結合を表わしている。われわれの言おうとするところすべてが善という単語で示されるのであれば、神という単語を用いないであろうし、また力という単語で表現できても神という単語を用いないであろう。神と信仰とは一体であると主張することは、いかなる力もその価値が闡明されない限り神としてとらえられることはないことを固執することである。さて、われわれが神に期待する善性は神に内在的なものと機能的なものとの二種の善性である。人間が献身する神々の中には、それ自身のためにあがめられる存在もあり、他者の内在的善を保護養うことを求められる存在もある。一般的にわれわれの宗教は、公的なものであれ私的なものであれ、礼拝はある存在に捧げ、祈りを別の存在に向けるという具合に、多神教への傾向を示している。われわれは、われわれの生きる目標となるものをあがめ礼拝する。また、われわれのあがめる存在を維持できる存在に向かって祈る。もし、神が一つであるならば、あがめられるべき善と機能的奉仕的善とが、力に結び合わされなければならない。

このような期待を持ってわれわれは啓示の契機に問いかける。イエス・キリストにおいてみずからを啓示する神は、応答をしない意志に対して啓示されるのではない。善を探求する人々の生きた精神に対して啓示されるのである。神はわれわれの必要を満たされる。およそ生けるもの、個々のすべての生あるものの生を、たとえそれが美や真理や善性を奪われているように見える生であっても、ご自分との関係において価値あるものとすることのできるかたがここにいる。イエス・キリストのみ顔の中にみられる神の栄光の輝き、聖徒の礼拝という暗い鏡に映る栄光の輝きは、すべての善いもの、すべての美しいものを超えた美を暗示している。しかし啓示の契機を通してわれわれを輝き照らす善性は、われわれの思想においてわれわれが期待した善の栄光ではない。われらの主イエス・キリストの父の内在的善性は愛という単純な日常的善――観念や範型《パターン》の中に見いだすことのできるものではなく、人格に属する価値――である。それは純粋な行為として存在する善性である。神は内在的善への

お名前

（　　　　才）

ご住所　　　　郵便番号

ご出席教会名（教派・教団名も）

ご職業

牧師　公務員　会社員　教員（大・高・中・小・幼・保母・他）
医師　自営（商・工・農・漁）　主婦　家事　療養中
学生（大・神・高・中・他）　その他（　　　　　）

この本を何でお知りになりましたか

1．新聞広告（　　　）　2．雑誌広告（　　　）
3．書　評（　　　）　4．書店で見て
5．友人にすすめられて　6．その他

ご購読の新聞雑誌名

朝日　毎日　読売　キリスト新聞　興文　朝日ジャーナル
図書新聞　週刊読書人　福音と世界　信徒の友　百万人の福音
日本読書新聞　その他（　　　　　）

お買いあげ書名　啓示の意味

お買いあげ書店名

本書についてのご感想

小社出版物についてのご意見、ご希望

お手数ながらご記入のうえご送付ください。大切に保存のうえ、各種のご案内をさせていただきます。図書目録ご入用の場合はご請求下さい。

郵便はがき

104

切手をはって下さい

東京都中央区銀座四ー五ー一

教文館出版部

行

われわれの期待を満たされるが、しかもなお、この崇めるべき善性はわれわれが期待していたものとはまったく異なっており、われわれの期待を恥じ入らせる。われわれは愛すべき善を求めた。しかしわれわれを愛する善によって発見されたのである。それによってわれわれの宗教的野望はくじかれ、神に仕える者になろうとする欲求は萎縮させられる。神がわれわれに仕える人だったのである。この啓示によって、われわれ自身と、われわれの善へのわれわれの愛とをともに世界の中心に置こうとする押えがたい欲望によって宗教的生を腐敗させてきた罪を悟らせられる。みずからを無にされ、評判を得ようとしない善がここにある。すべてを与える善、自分のために何物もたくわえないにもかかわらず、すべてのものを持っている善がここにある。このように、われわれは、われわれの神の定義を再考しなければならず、礼拝と祈りとを改善しなければならない。啓示はわれわれの自然宗教の発展展開ではなく、またその除去でもない。啓示は宗教的生の革命である。

神の嘉する善についてのわれわれの思想も価値変更の大きな混乱にとらえられる。われわれの愛した自己は神の愛する自己ではなく、われわれのとうとばなかった隣人が神にとって最愛の者であり、われわれの無視した真実が神の固執するものであり、われわれにかかわるがゆえに追い求めた正義は、神の愛が望む正義ではなかったのである。神がわれわれに要求し、またわれわれに与えられる義はわれわれの義ではなく、これよりも大きく、種類も異なっている。神は、われわれが保持することを強く望んでいるすべてのものを犠牲として捧げることを要求し、われわれが夢にも思わなかった賜物——われわれの義認ではなくわれわれの罪の赦しを、われわれの罪過を忘れることでなく、それを悔改めることと悲しみとを、人間に対する確信でなく神への信仰を、安息の代わりに、われわれが自分に満足することを決して許さない、たえず回帰する苦悩を、この世の平和と喜びの代わりに来るべき世界への希望を——をたまわるのである。神はわれわれに、悲しみを神からの贈り物として理解すること、また喜びを、すべての隣人においてふたたび受肉された神のみ子の苦痛によって買いとられたものでないかどうかを疑ってみることを強制される。まことに神はわれわれの善に仕えられる。しかしわれわれの善のすべてはわれわれの考えていたものとはまったく違ったものであった。

われわれの人間的宗教の、イエス・キリストを通してのこのような回心と永遠の革命とがわれわれにとっての啓示の意味である。他の人々がなんと言おうとも、われわれは歴史の中にいる者として、われわれの歴史を通して一つの強制が加えられたこと、われわれの避けることのできない一つの道が敷かれたことなどを告白するほかない。われわれはアウガスティヌスとともに次のように言わなければならない。「まことの人なるかたによりて歩め、さらば汝、神に至らん。汝、彼によりて行き、汝、彼のもとに行かん。彼に至らんがためとて彼よりほかに道を捜し求むるなかれ。もし彼、道となりたまわざりしならば、われらすべて道に迷い行くべし。彼、汝の歩むべき道となりぬ。道を捜し求めよとは、われ言わじ。道みずから汝に来たれり、汝、立ちて歩め。」

訳者解説

本書はH. Richard Niebuhr, The Meaning of Revelation, New York, Macmillan Co., 1941の全訳である。ニーバーの著書はこれまで『キリストと文化』および『責任を負う自己』の二冊が邦訳されている。しかし、H・リチャード・ニーバーの名は日本で決してよく知られているとはいえない。一九七〇年に、リチャード・ニーバーの弟子、ポール・ラムゼイの著書Nine Modern Moralistsが邦訳されたが、ニーバーに関する章は著者に断わりなしにはぶかれている。日本基督教団出版局の「人と思想シリーズ」においても『ニーバー』があるが、もちろんこれはリチャードの兄、ラインホルド・ニーバーだけのことである。いわゆる「知名度」から言えば事情はアメリカにおいても似たようなものがある。ラインホルド・ニーバーの名は広く一般に知られていても、その弟にリチャードがいることを知っている人は非常に少ない。『キリストと文化』はリチャード・ニーバーの著書の中でも最もよく知られたものであるが、これでさえもラインホルド・ニーバーの著書であると思って読んでいる人が少なからずあることで驚かされたことがある。

しかし、神学者の間ではきわめて評価が高く、一九三〇年以後のアメリカの大神学者と言えば、ニーバー兄弟とポール・ティリッヒの三人を挙げることではだれにも異議のないところである。しかも、リチャード・ニーバーをその三人のうちでも最大のものとする人々が多い。一九七三年現在、ティリッヒの影響が急速に後退しているのに対して、リチャード・ニーバーの影響が漸次増加しつつある、という観測をする人もある。プリンストン神学校でもリチャード・ニーバーの著書七冊のうち五〜六冊が毎学期リザーヴ・ブックとされている。このことはほかの神学校でも同じであろうと思われる。ある神学校では新入生全員にニーバーの著書 “The Purpose of Church and Its Ministry” を無料で配っているという。

ではこのことと「知名度」の低さとはどのように説明されるであろうか。この問題についてはプリンストン神学校教会史教授J・H・ニコルスがニーバーの教会史に関する著作について言っていることが、ほかの著作についても言えるのではないかと思われる。ニコルスは『教派の社会的起源』、『アメリカにおける神の国』、『キリストと文化』の三冊を読むことが今日アメリカにおける教会史についての最高度の思索に接する最善の方法だとしながらも、ニーバーの文章の簡潔なスタイル、思想の圧縮度、深さ、ニーバーの神学的歴史観などが人を寄せつけなかったのではないか、もしこれが教会史の書き方であるとすると、これまでの人々は何をしてきたというのだろうか、アメリカ教会史をこのように書きうる歴史家があっただろうか、またそれを読んで理解することのできる一般読者層があっただろうか、と大略以上のようなことを述べている。ニーバーの著作はどれも小さい。しかも一著一著に深い独創的な思索がひめられているのである。

また、ニーバーの文章のスタイルについて、シカゴ大学のM・E・マーティーが「ニーバーは経済的な思想家であった。彼は逸話によって文章を飾ることもせず、紆余曲折することもなく、植字工や読者の時間をむだにすることもしない。彼の文章は明解であり簡潔であり、とぎすまされていて、ときには厳粛でさえある。彼は預言者的説教家ではなく、洗練された講演者であった」と言っているようにニーバーの文章にはむだがない。思想の発展のさせ方にしても、バルトの大著『教会教義学』が同じ問題を諄々とくり返し論じながら、いわばラセン状に発展させてゆくのとは対照的に、ニーバーは直線的に発展させる。したがって、ニーバーの文章の簡潔さは決してニーバーの著作、ニーバーの思想、ニーバーの神学のわかりやすさを意味しないのである。ニコルスのことばを借りれば、ニーバーは彼の神学の素描しか残していない。しかも、彼のカルケドン・キリスト論の解釈（本書第二章）や三位一体論の解釈（Theology Today, Vol. Ⅲ, No. 3 所載の論文参照）を見ても明らかなように、きわめて独創的であり、伝統的な神学のタイプにおさまらないのである。ふたたびニコルスのことばを借りれば、ニーバーの思想は「侵食残丘《モナドノック》」のようなもので、周囲が風化侵食されて崩れ去ったのちに突兀《とっこつ》とそびえ立つ固い岩山であるため、だれにでも見えていながら、読者がこれをかみくだき、咀嚼《そしゃく》してこれから栄養分を吸収することはたいへんむずかしいのである。リチャード・ニーバーは一般読者向の神学者ではなく、「神学者のための神学者」であると言われているゆえんもここにあるだろう。次節においてニーバー神学の基調と考えられる事柄を述べ、読者の参考に供したい。ニーバーの没後既に十年たつがいまだスタンダードなニーバー解釈と言えるものはない。この二〜三年間にニーバー研究がアメリカ、ヨーロッパの両方で少しずつではあるが出始めている。ニーバー研究は今のびつつある。リチャード・ニーバーの名が一般読者の口に広く膾炙《かいしゃ》される日もそう遠くないかもしれない。

ニーバーは本書序文においてトレルチとバルトとの主要な関心事を結合しようとした、と述べている。ニーバーはそれに対してなんの解説も加えていないが、これに対する評価はまちまちである。まったくの不可能事とするもの(F・ブーリ)、多少好意的に「不可能な可能性」とするもの(W・パウク)、図式的にトレルチの関心を「文化」とし、バルトの関心を「キリスト」とし、ニーバーが「キリストと文化」の問題に取り組んだとするもの（H・フライ）の三つが現在までにわたしの目にとまったものである。どれも当たっているとも、当たっていないとも言える。言うまでもないことであるが、ニーバーの意図はトレルチとバルトとから何かをとって来てつなぎ合わせる、ということではない。極端に言えばトレルチもバルトも存在しなくともニーバーの神学は存在しうる。

トレルチとバルトの結合ということで理解しなければいけないことは、H・フライがニーバーの神学のきわだった特徴として指摘していること、つまりニーバー神学における神学的分析と社会学的分析との、自然で、ほかに類を見ない織り合わせ方である。学問としての神学の論理的厳密さ、神学の学問としての内的完璧さ、神学の学問としてのインテグリティに最大の関心を払う学者（バルトの主要な関心がここにある）がしばしば宗教の社会学的意味合いに対しての感覚を持ち合わせず、他方宗教の社会的政治的文化的機能に関心を寄せる学者（トレルチの主要な関心がここにある）が神学的厳密性に対してきわめて無神経である場合が多い中で、両者を合わせ持とうとすることがニーバーの意図するところだったのである。それも両者を相互の連関なしに持つというのでなく、神学的分析と社会学的分析とが渾然一体となり、有機的統一体をなさなければいけないという主張である。この意味でこの「結合」は不可能事ではなく、「なさなければならない仕事である」とニーバーは主張している。つまり「トレルチ」と「バルト」を結合することによって真の神学ができあがる、という主張である。

では、ニーバーにとって神学とはなんであり、何をなすのであろうか。本書においても明らかなように、ニーバーにとって神学とは教義の学ではなく信仰の学である。神学のなすことは第一に信仰にのっとった理性作業であり、詩篇第八篇が範型としてあげられる。また、本書第三章第二節において展開される論議も、この「神学」の具体化である。第二に信仰の批判である。ここで信仰とは信頼と忠誠を意味し、その信仰の対象となるものが「神」である（ニーバーがルターの大信仰問答書にある定義に従っていることは本書第一章にも見るとおりである）。この神はイエスの父なる神の場合もあれば、国家や「イェール大学」である場合もある。人は一般に多神教徒であり、唯一のものを意志し、唯一のものに信頼するということはきわめてまれなことである。人はこの信仰を宗教においてだけではなく、日常の生活において表現している。政治活動において、経済行動において、文化的行為において、また家庭で社会で職場で学校で、あらゆる機会、あらゆる場所で、何ものかに信頼をかけ、何ものかに忠誠を捧げて生きている。信仰とはすぐれて文化的現象である。そしてこの信仰の問題こそが人間社会にとって最も重要な問題である、とニーバーは言う。人間の持つ信仰が、したがって神が人間の社会を分裂もさせ統一にも導くし、個々の自己の生を分裂させるのも、統一あるものにするのも信仰だからである（本書第三章参照）。

このように、トレルチとバルトの結合とは言っても、ニーバーはバルト流の教義の学としての神学を考えているわけではなく、シュライエルマッハーに淵源する神学の伝統を継承している。十九世紀から二十世紀にかけてこの伝統内において学問としての神学の解消に向かったこと、その事態がトレルチに典型的に表現されていることは十九世紀神学史を学ぶ人には周知の事実であろう。そのトレルチの圧倒的な影響の下に書かれた『教派の社会的起源』の序でニーバーは諸教派を教義の相違によって区別し、教会一致の問題を純粋に神学的問題として取り上げることはあまりに人工的で実りがないことと思われ、神学から歴史、社会学、倫理学に関心を転換することによって、教派の相違の問題、教会一致の問題にも満足のいく説明を得た、と述べている。

ニーバーはこの十九世紀神学の伝統の中で神学を学としてのインテグリティを持つものに再建したのである。神学の学としてのインテグリティはその出発点において最も大きく左右される。ほかの学問分野からの借物によって出発するのでなく、神学固有の出発点を確保することが神学の学としての再建の第一歩であり、その意味で本書はニーバーの神学全体のプロレゴメーナとも言うべき位置を占める。

ニーバーにとって神学が問題にしなければならないことはシュライエルマッハーの場合と同じく、人間の生である。神学と倫理学との関係が非常に近いものとして考えられている。この点は「倫理学としての教義学」をとなえたバルトにおいても同様で、「教義学のテーマは常に神のことば以外の何ものでもない。しかし神のことばのテーマは人間存在、人間の生、意志、行動である」といわれている。しかしたとえば教会教義学Ⅲ／4で扱われている「人間の生、意志、行動」は日常生活において人が置かれている具体的な場におけるそれではなく、実際の生活から多少距離を置いた場所におけるそれであると思われる。そこでバルトはたとえば、まことに美しい男女関係を描きながらも、人間を実社会の政治的社会的経済的関係の中でとらえようとは全然していないのである。これに反してニーバーの場合には「人間の生」は政治的経済的利害、宗教的思想的コミットメントが問題となる場でのそれである。抽象的に考えられた人間一般ではなく、国民としての、社会人としての、家庭人としての人間である。人は国民として、社会人として、家庭人として信仰によって生活している。その信仰の批判、生の批判がニーバーの場合、神学のテーマである。

先に、人の持つ信仰が個人、社会を分裂もさせ統一にも導く、ということを述べたが、ニーバーの問題は、分裂をもたらす信仰（それをニーバーは自然宗教と呼ぶ）がどのようにして統一をもたらす信仰（それが唯一の神、イエス・キリストの父なる神に対する信仰で、啓示宗教と呼ばれる）へと変革されるかということである。信仰の批判、生の批判ということもこのことに連なる問題であるが、本書第四章で論じられている「回心《コンヴァーション》」、「変革《トランスフォーメイション》」がそれである。ニーバーによれば、人は常に自然宗教によって生きている。イエス・キリストの父の名を告白する人にしても自然宗教からのがれることはできない。自然宗教こそが人の日常の具体的な場での生を規律している。人の文化活動と自然宗教とは切り離すことができない。この自然宗教を批判する立場が啓示宗教であるラディカル・モノセイズムである。この立場を終始貫くことによって神学を学として整備し、学問的批判検討に耐えうるものとし、しかも神学と実際の生との接触を維持して、社会的実践的含蓄を神学に持たせようとしたわけである。ニーバーにおける学としての神学の理念は、バルトのそれが知識体系であるのに対して、方法としての科学(science as process)であると言えるであろう。

ここにわたしはニーバー神学の社会批判、文化批判的な性格を見ることができると思う。もともとニーバーの処女作『教派の社会的起源』は社会批判の書であった。その書の第一章の題は「分裂した教会の倫理的破綻」であり、「キリスト教界はその設立者の訓戒を無視することによってしばしば外見上の成功を博してきた」という文章によって始まる。ニーバーの問題はこうした倫理的破綻を批判し矯正することであったから、この書の中ではバルトを逃避主義、孤立主義であるとして批判している。しかしニーバー自身の立場は社会的理想主義(social idealism)であって、人種、民族、階級を超えた兄弟愛に訴えることで終わっていた。この社会的理想主義とそれに伴う神観、人間観、歴史観、社会観の弱点をみずから批判し、一九三〇年代前半には終生彼の神学的立場となるラディカル・モノセイズムを確立したのである。この徹底的一神教自身も社会批判、文化批判としての性格がはっきりしていることは本書第三・四章をはじめ、ニーバーのほかの著書からもみてとれることである。かくして、神学の学としての再建と、しかも同時にその神学が社会批判、文化批判としての射程を持つこと、それがニーバーの言う「トレルチ」と「バルト」の結合の意味内容である。

このように見てくるとき、ニーバーの意図するところがティリッヒの「相関の方法」に似ていることがわかる。ティリッヒによれば相関の方法とはキリスト教のメッセージと人間の生の実際の情況とを結びつける方法である。永遠の真理であるキリスト教のメッセージは歴史的情況に応じた表現が与えられなければならない、超自然主義は歴史的情況を無視して永遠の真理を宣言することで満足し、自然主義は永遠の真理を忘れ、歴史的情況の中に埋没している、相関の方法はこうした欠陥を是正するのだ、とティリッヒは言う。ここに言われた限りでティリッヒの神学は、ニーバーのいわゆる「二世界論的」神学と言えるであろう。しかしティリッヒにあっては、人間の実存的問いは神学的答えによっていわば直接的に答えられる。ティリッヒにおいては問いと答えとは相互に規定しあうというが、むしろ人間の実存的問いが期待する答えを神学的答えは用意するのである。神学は哲学のあげる問いに対して哲学の持っている前提と含蓄《イムプリケイション》を受容れることなしには答えを与えることはできない、とされている。また神学的答えは実存的問いを持つ人間によって曲折なく受け入れられ理解されるのである。

これに対して本書第四章でニーバーが展開する「変革」というモチーフにおいては人の期待するところと啓示によって与えられる答えとは直接的に連続しない。啓示の受容において、人の期待するところは一応満足させられるが、同時に打ち壊され、根源的に再建されるのである。この啓示の受容の問題の取り扱い方においてティリッヒが問いと答えの連続的関係を前提することによって、ニーバーのいわゆる「二世界論」を解消し一世界論的思惟に傾くのに対して、ニーバーは人の期待と啓示との間に破壊と再建という弁証法的関係を考えることによって、二世界論的思惟を保持しているのである。ここにニーバーの神学の社会批判としての性格を見ることが可能である。

以上、ニーバーの神学の基本的性格を、トレルチとバルトの結合というニーバーのことばを糸口として、ニーバーの著作全体から抽出してみた。こうした角度からニーバー神学を学ぶことは日本のキリスト教会の置かれた情況から考えて有意義なことと考えられる。日本においてもたとえば小崎弘道の『政教新論』にみられるようなキリスト者による社会批判の書が夙《つと》に著されており、こうした傾向の思想は多くの人々の関心をひいてきた。しかし、熊野義孝教授が指摘されるように、こうした思想を学としての神学にまで発展させる努力が日本には欠けてきた。今日、日本の神学界の課題の一つがこのような神学的思想、キリスト教思想を学としての神学にまで整備することにあるとするならば、ニーバーの神学を日本に紹介することにも意味があると思う。

本書の翻訳は一九六九年秋、教文館から話があって始めたが、当時わたしも教会につかわされて初めての年であり、例の日本基督教団内の騒動のためにほとんど仕事はできなかった。一九七一年秋からの米国留学をひかえての夏、教会に対する責任もなくなって、一ヵ月ぐらいの間に翻訳はでき上がった。しかし二年間の遅れは教文館の出版計画に合わず、今日まで出版されなかった。四年間も出版がおくれたことについては教文館の高戸要氏、渡辺泉氏に深くお詫びする次第である。留学先のプリンストンで原稿に目を通し、誤訳や脱落をいくつか発見し訂正したが、まだ不備はあると思われる。また訳語にも不適切なものが多くあるかもしれない。読者諸賢のご批判を仰ぎたいと思う。

原著は著者によって彼の恩師ダグラス・クライド・マッキントッシュ、およびフランク・チェンバレン・ポーターとに献げられている。わたしはこのつたない訳書をわたしの父と母とに献げたいと思う。

なお、現在プリンストン神学校博士課程に在学中の相原晴雄氏にはこの解説の原稿を読んでいただき、有益な評と貴重なご教示を得た。また同じくプリンストン神学校博士課程にわたしと同期に入学したトマス・アルシェーファーにはニーバーの英語の難解な個所について意味を解明してもらった。妻、光代も訳稿を読んでくれ、おもに文章のスタイルについて意見をのべてくれた。そしてそのほとんどが本訳の中になんらかの形でとり入れられている。あわせしるして感謝したい。しかし日本語をまったく知らないトムには翻訳の誤りにはなんの責任もなく、この解説に対しても相原氏になんの責任のないことは言うまでもないし、訳の拙劣さないし誤訳に対しての責任も光代にはない。

一九七五年一月

プリンストンにて　佐柳　文男

主要事項人名索引

リチャード・ニーバー著
啓示の意味
一九七五年二月二〇日発行
訳者 佐柳文男
発行者 武藤富男
発行所 株式会社 教文館
東京都中央区銀座四-五-一
振替 東京 一一三五七
電話 (〇三)五六一-八四四六(代)
印刷所 安信印刷工業株式会社
製本所 協立製本株式会社

配給元 日キ販 東京都新宿区新小川町3-1 振替・東京60976 電話・代表260-5664
3016-366030-6100(日キ販)